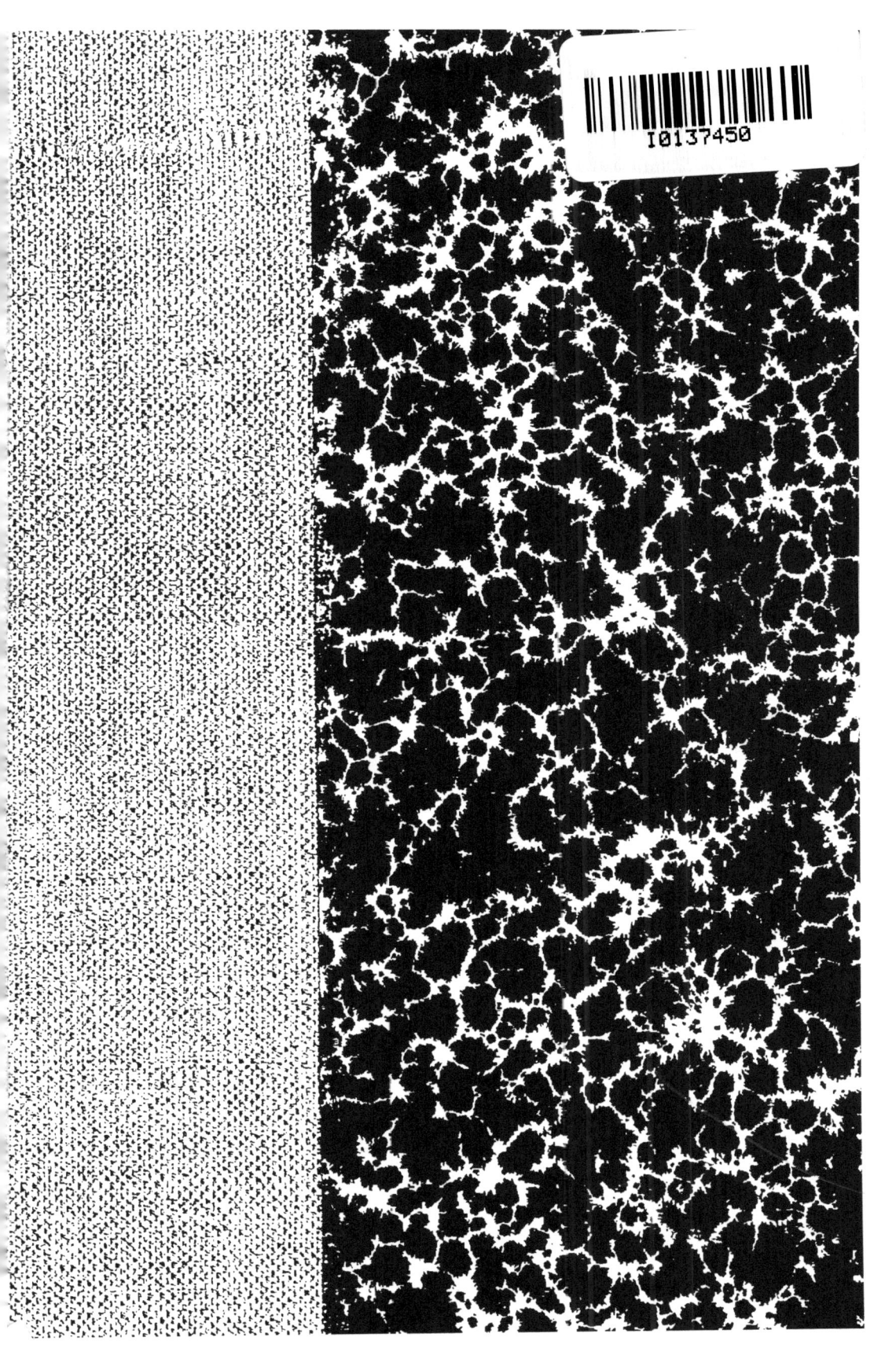

STEMPFER-MEL

ÉDUCATION

ET

POSITIVISME

A LA MÊME LIBRAIRIE

KANT. — Traité de Pédagogie. Traduction BARNI. Préface de R. THAMIN, recteur de l'Académie de Bordeaux, 2e édition. 1 vol. in-12 . . . . 1 fr. 50

ÉDUCATION

ET

POSITIVISME

PAR

R. THAMIN

Correspondant de l'Institut
Recteur de l'Académie de Bordeaux

OUVRAGE COURONNÉ PAR L'ACADÉMIE DES SCIENCES MORALES ET POLITIQUES

TROISIÈME ÉDITION REVUE
ET AUGMENTÉE D'UNE PRÉFACE NOUVELLE

PARIS
FÉLIX ALCAN, ÉDITEUR
LIBRAIRIES FÉLIX ALCAN ET GUILLAUMIN RÉUNIES
108, BOULEVARD SAINT-GERMAIN, 108
—
1910

PRÉFACE

DE LA TROISIÈME ÉDITION

M. Boutroux vient d'écrire un livre d'une belle sérénité que seul peut-être, en France, à l'heure présente, il était capable d'écrire, que seul à coup sûr il était capable de faire accepter de tous, hommes de science et hommes de foi, le livre intitulé : *Science et Religion*. En rééditant ce modeste ouvrage qui, par la nature du problème à résoudre, se rapproche de celui de M. Boutroux, puisque ce qu'il discute c'est la prétention émise au nom de la science d'exclure à son profit toute autre discipline de la vie de l'enfant, comme elle serait exclue de la vie morale tout entière, nous éprouvons le vif regret que cette ressemblance entre les deux œuvres s'arrête à celle du sujet traité. Il y a des livres qui vieillissent moins vite que leurs auteurs; il y en a qui vieillissent plus vite et qui, à un moment donné, retardent sur l'esprit de celui qui les a signés. Nous reconnaissons que ce livre, s'il est âgé de près de vingt ans, les porte bien.

*

en certaines parties du moins. Le ton de l'argumentation y est souvent plus oratoire qu'il n'est de mode aujourd'hui. On a discuté sur ce ton, et avec succès, mais ce n'est plus ainsi que l'on discute entre philosophes. Si la polémique y est toujours respectueuse de la pensée de l'adversaire, il n'y en a pas moins abus de polémique. Et je me sens plus disposé aujourd'hui, si loin que je reste du positivisme, à reconnaître combien ma propre pensée, volontairement ou non, est imprégnée de celle de Comte, à mesurer son œuvre, son influence, et à admirer. J'ai profité du travail de mes contemporains qui l'ont étudié, compris et fait comprendre. Et j'éprouve comme un remords, m'étant attaqué à lui, de n'avoir pas fait moi-même ce travail. Au lieu que je suis resté trop en dehors du système dont je discutais certains éléments. J'ajoute que l'ardeur de la discussion m'a entraîné à certains partis pris pédagogiques que je trouve maintenant trop absolus. Pour faire amende honorable, l'idée m'était venue d'imiter ce que fit Littré dans un cas analogue, c'est-à-dire de passer la revue de mes opinions historiques et dogmatiques, et d'indiquer, au bas de chaque page, ce que je penserais et écrirais aujourd'hui. Mais quelque vanité eût été mêlée à cette sincérité. L'histoire de toute pensée ne mérite pas d'être publiée, quoique représentative toujours pour une part ; et il y a des variations qui n'ont d'intérêt que pour celui qui les subit.

D'ailleurs, il est peut-être temps de le dire, j'ai moins varié dans le fonds que jusqu'ici peut-être je ne le donnerais à entendre. Et je répondrai mainte-

nant à ceux qui, après avoir lu ce qui précède, me
demanderaient pourquoi je réédite ce livre. Sur bien
des points ce livre a vu juste et prévu ; des conséquences se sont déroulées selon la courbe qu'il avait
indiquée. Voilà pour l'amour-propre d'auteur qui,
après avoir avoué ses blessures, se console dans ces
constatations. Enfin, et ceci est l'essentiel, il y a des
vérités, du moins que je juge telles, bonnes à répéter
et à réimprimer ; et certaines idées ont eu si peu de
défenseurs dans notre génération que ceux qu'elles
ont rencontrés ne doivent pas se donner l'air de les
déserter. Un livre de ce genre, qui a trouvé des lecteurs, est devenu une sorte de personne indépendante
de la personne de l'auteur, et à laquelle celui-ci, à
moins d'un désaccord grave, doit laisser remplir sa
destinée. Or ce désaccord n'existe pas, et qu'importent certaines imperfections, certain vieillissement, si
ce livre a encore une prise et un effet utile ? qu'importent certaines façons de dire qui me plaisent
moins, si les choses valent toujours la peine d'être
dites ? Qu'il y ait à tenir compte dans l'éducation de
« valeurs », et non seulement de faits et de lois, sauf
le mot qui est nouveau, c'est ce que je pensais il y a
vingt ans, c'est ce que je pense toujours ; qu'une
éducation, comme aussi bien une vie morale, dont
l'idée de Dieu — vieux mot et vieille idée cette fois
— serait bannie, soit en équilibre instable, c'est
aussi, et quelque respect que j'éprouve d'ailleurs
pour la virile ambition qui consiste à vouloir organi-
ser une humanité se suffisant à elle-même, c'est ce
que je pense toujours. Que ces deux questions enfin

soient liées, c'est-à-dire que le problème des valeurs
aille rejoindre en définitive le problème religieux,
c'est ce que soutenait récemment Höffding, et c'est
ce que, pour ma part, je n'ai jamais cessé de
penser.

R. T.

Juin 1909.

PRÉFACE

DE LA PREMIÈRE ÉDITION

Ce livre tend à démontrer deux propositions. La première est qu'il y a une philosophie dans tout système d'éducation, ou plus simplement dans toute éducation, quand bien même elle serait donnée par le moins philosophe des hommes. La seconde est que cette philosophie ne saurait être le positivisme sans faire courir aux générations issues de celle qui s'en contenterait le danger d'une baisse morale plus ou moins prochaine. Le positivisme n'a pas toujours été la philosophie un peu courte que l'on désigne aujourd'hui sous ce nom, et qui se résume en quelques négations. Mais dans sa période héroïque, comme sous sa forme vulgaire et appauvrie, il a toujours fondé, et en cela consiste son unité, la morale et l'éducation sur la science, à l'exclusion de la croyance. Or nous estimons au contraire que nous vivons, moralement parlant, d'inconnaissable, et que l'éducation qui en sèvrerait l'enfant ferait vio-

lence à une nature qu'elle devait aider à se développer. En d'autres termes, les positivistes prennent à
tâche de tenir éloigné des consciences Dieu, car il
faut bien en venir à le nommer, Dieu sans lequel il
n'y aurait pas de conscience. On comprend aisément
qu'un dissentiment sur ce point prime tous les autres
quand il ne les explique pas. Le maître-éminent (1)
qui, à la dernière distribution des prix du concours
général, exposait en un langage si ferme la doctrine
morale de l'Université, refusait hautement de la reconnaître dans la « formule courante qui résume les
griefs de la foi inquiète et des intérêts froissés, l'école
sans Dieu ». Nous voudrions que ces pages, écrites
par un universitaire, servissent au moins contre cette
formule calomnieuse de nouveau témoignage et de
nouvelle protestation.

Quelques-unes d'entre elles ont déjà paru sous
forme d'articles (2). Quoique nous ayons écrit ces
articles avec l'intention de les réunir, et quoique
nous les ayons remaniés pour l'usage que nous en
faisons aujourd'hui, notre livre porte, comme une
tache originelle, la marque de la façon dont il a été
composé. Certains chapitres ayant, à un moment
donné, formé autant de petits touts, expriment, cha-

(1) M. Darlu.
(2) Le chapitre III de la première partie a paru dans la
Revue pédagogique du 15 janvier 1887.
Le chapitre premier de la seconde partie a paru dans la
Revue politique et littéraire du 22 septembre 1883.
Le chapitre II de la même partie a paru dans l'*Annuaire
de la Faculté des lettres de Lyon* (1885).
L'Appendice a paru dans le *Bulletin de la Faculté des
lettres de Caen* (juillet 1885).

cun pour son compte, les idées générales auxquélles nous tenons le plus. Le livre pris dans son ensemble conclut ainsi plusieurs fois. Mais il conclut toujours de même. Et nous nous consolons de ces redites, puisqu'il est en effet des choses bonnes à redire, et puisque loin de nuire à ces deux unités essentielles, celle du sujet et celle de la pensée de l'auteur, elles les démontrent.

Juin 1891.

ÉDUCATION ET POSITIVISME

PREMIÈRE PARTIE

EN FRANCE

CHAPITRE PREMIER

AUGUSTE COMTE ET SES DISCIPLES

Dans le souci universellement partagé aujourd'hui des choses de l'éducation, tout serait à louer si, en même temps qu'un sentiment vif de ce qu'une génération doit à celles qui la suivent, il ne fallait y voir une marque et un aveu de nos incertitudes. Autrefois on élevait sans s'en douter, et souvent on élevait bien. Aujourd'hui on a pris une conscience plus émue d'un devoir à remplir, mais on ne sait pas au juste en quoi il consiste. Des croyances incontestées avaient longtemps maintenu l'idéal humain au-dessus de la contingence des opinions et des caprices. Nous n'en sommes plus là. Nous portons dans nos frêles cervelles les pensées successives de siècles qui se sont contredits, de philosophies qui se sont renversées, et c'est en nous-mêmes maintenant que se livre la bataille des idées et des tendances. Nous avons donc raison de nous inquiéter. C'est, en effet, sous la forme raccourcie du problème de l'éducation, le problème de la destinée humaine qui se pose aux pères étonnés d'avoir à le résoudre, et ceux même qui ne s'interrogeaient pas sur le sens de la vie qu'ils vivent, s'interrogent sur celui de la vie qu'ils viennent de donner.

Cependant l'éducation quotidienne est forcée de prendre parti, et résout à chaque pas ce problème de la solution duquel elle continue d'attendre un mot d'ordre qui ne vient point. Solutions provisoires, solutions contradictoires qui déroutent l'enfant et mêlent à son obéissance un scepticisme précoce. Et, pour peu que ce scepticisme devienne une tradition de l'enfance, l'éducation ne sera plus que la tyrannie du plus âgé et du plus fort ; elle aura perdu et sa dignité et sa raison d'être. Car elle est censée se donner au nom d'une sagesse dont l'âge mûr est dépositaire, que l'on se lègue comme un précieux héritage ; et voici que cet héritage, en pensant s'accroître, s'est dissous, et que cette sagesse ne croit plus en elle-même. Or on vit, mais on n'élève pas avec des indécisions.

Les concessions savamment échangées, les compromis entre tendances diverses trompent moins que personne l'enfant, logicien de sa nature, et dont les petites mines déconcertées semblent poser cette question : Que veut-on de lui décidément ? Nous voulons de lui trop de choses à la fois. Chrétiens pour la plupart encore, chrétiens du moins de ce christianisme latent et héréditaire qui nous fait voir dans la vie une épreuve et un moyen, nous prononçons devant l'enfant des mots dont le sens étrange remue et oriente sa pensée. Quoi que nous fassions dans la suite, quoi qu'il fasse lui-même, une impression profonde a été produite dans son âme, et nous lui avons donné des ambitions qui régleront sa vie ou la troubleront. Car, s'il cesse d'espérer, pourra-t-il ne pas se souvenir, se souvenir de ses espérances ? Cependant le plus croyant d'entre nous veut que cette terre d'exil soit hospitalière à ceux qu'il aime. Il ne se contente pas pour eux d'un bonheur garanti par la foi, et préfère en leur nom, sans se l'avouer tout à fait, les échéances moins lointaines et les résultats plus faciles à supputer. S'il est père, il enseignera à son fils le moyen d'être heureux dès ici-bas, et, pour peu qu'il ait lu Darwin, il mêlera aux leçons de charité qu'il lui donnera l'apprentissage de la concurrence vitale. Un jour il lui dira : « Aimez le prochain comme vous-même ; » et le lendemain : « chacun pour soi ». Le même professe encore que l'enfant est fait pour obéir qui sourit au mensonge et à l'espièglerie. Suivons la nature, domptons la nature ; adressons-nous surtout au cœur de l'enfant, mais raisonnons-le ; donnons-lui le sens pratique et aussi le sens de l'idéal, telles sont nos maximes successives, et tel est le tableau incomplet de nos discordes intérieures. De tout temps sans doute la nature humaine a été complexe. Elle l'est devenue davantage dans l'atmosphère intellectuelle si mélangée et si surchargée où nous vivons. Puis entre ses fins multiples une hiérarchie du moins était maintenue dont elle a perdu le sens et le respect.

Ce sera l'honneur d'une philosophie souvent mal

comprise, ce sera l'honneur du positivisme de n'avoir pas voulu pour l'esprit moderne de ce *statu quo* intellectuel, d'avoir senti et défini le malaise moral, et, selon l'expression de M. Littré, le « malaise pédagogique » de notre époque, et d'y avoir cherché un remède. Le remède n'est-il pas pire que le mal, et le positivisme n'allait-il pas jusqu'à diminuer notre nature pour la mettre d'accord avec elle-même, ceci est une autre question que nous discuterons longuement ; mais avoir eu la vue nette du problème de l'éducation est un premier mérite qu'on ne saurait refuser ni à A. Comte ni à son école. Et d'aucuns prétendent que poser un problème demande autant d'invention que le résoudre.

I

Le positivisme a été une tentative d'organisation du savoir humain et de la vie morale. Il met tous ses soins à se distinguer de la révolution qui détruit. Après les négations, il prétend être l'affirmation et l'édifice nouveau qui s'élèvera sur les ruines des doctrines passées. Et il a compris de tout temps qu'une méthode d'éducation était l'épreuve suprême d'un système qui aspirait à ordonner la pensée et la conduite. Aussi Comte avait-il promis de la donner.

Il ne tint pas sa promesse. Car nous ne prendrons pas pour le livre annoncé les plans de réforme et d'éducation générale que l'on pourrait extraire du *Système de politique positive* et du *Catéchisme positiviste*, quoiqu'on ait séparé trop longtemps, selon nous, la vie et l'œuvre de Comte en deux parties, afin de ne pas voir dans l'une la conséquence de l'autre. En dehors de ces fantaisies, reniées par ses disciples, quelques pages sur l'application du système de Gall à l'éducation sont toute sa pédagogie proprement dite. Selon Comte, l'incomparable service rendu par Gall serait d'avoir détruit cette illusion commune que tout esprit humain est une matière malléable offerte à l'éducateur. En nous révélant les conditions physiologiques auxquelles nos différentes facultés sont enchaînées, il a limité nos efforts, mais les a rendus moins vains. Nous n'instituerons pas une discussion contre cette théorie exprimée en passant par un écrivain qui n'a pas l'habitude d'exposer si brièvement les idées auxquelles il tient un peu. Nous préférons insister sur la conception très haute du rôle de l'éducation qui revient souvent dans les écrits de Comte, et, nous pourrions presque dire, les anime tous.

C'est dans l'éducation en effet, dont un pouvoir spirituel nouveau sera le dispensateur, que le Comte des bonnes années, le Comte qui a eu M. Littré pour disciple et pour apôtre, cherche un remède préventif contre ce que nous appellerions volontiers aujourd'hui les envahissements de l'esprit positif, tellement les mots ont comme les livres leur destin, et tellement une logique secrète peut développer les doctrines dans un sens opposé aux intentions de leurs fondateurs. Car le père du positivisme a toujours été le moins positif des hommes. Comme tous les réformateurs de sa génération, et dont les idées ont eu la vie moins dure, sans doute parce qu'elles se prêtaient moins aux simplifications et aux transformations, il s'en prend à toute notre organisation, ou plutôt à toute notre désorganisation intellectuelle et morale ; il veut faire grand. Or le danger consiste selon lui dans la spécialisation des études intellectuelles, et contre ce danger il demande protection à une spécialité nouvelle, l'étude des généralités scientifiques. Le philosophe positiviste sera ce savant universel qui connaît de toutes les sciences les méthodes et les résultats. Et c'est en imprégnant les jeunes intelligences de l'esprit que ces études désintéressées et larges auront fait naître en lui, qu'il corrigera chez elles, en le prévenant, l'effet desséchant d'études trop étroites et de préoccupations trop utilitaires. L'esprit scientifique sera le remède à l'usage et à l'abus de telle science spéciale. Il sera même pour les humbles une religion nouvelle qui leur ouvrira à sa façon les vastes horizons de la pensée et du sentiment. Joignant l'exemple à la théorie, Comte professait un cours d'astronomie populaire, à seule fin, nous dit-il, d'arracher à la terre et aux soucis de l'intérêt quotidien les pauvres d'esprit qui venaient l'entendre. Tout cours de science, à condition qu'il soit fait pour la science même, devient ainsi une élévation des âmes, une communion avec l'universel, une messe laïque. Ajoutez que, dans la pensée de Comte, cette religion ne doit pas être une religion d'initiés. Donner la science à tous serait une utopie pédagogique ; mais inculquer à tous l'esprit scientifique, voilà l'éducation de l'avenir.

II

Il nous reste à voir ce que firent les positivistes pour aider cet avenir à se réaliser. Mais, quand bien même ils

auraient échoué, on serait injuste envers A. Comte en
oubliant ces rêves généreux de vaste réconciliation intellectuelle et en ne considérant que la partie négative de
sa doctrine, parce qu'elle seule a survécu. On expliquerait mal, si le positivisme avait été dès l'origine le peu
qu'il devint, l'enthousiasme des disciples pour le maître
et la persistance de leur foi. Car on peut parler de la
foi de ces ennemis de toute foi. Et c'est un rare exemple
à notre époque que celui d'une école où la plus étroite
solidarité de pensée réunit tous les membres, en même
temps qu'une reconnaissante fidélité pour celui de qui
vient cette pensée commune. La *Revue de philosophie
positive* a donné cet exemple. L'unité des articles qui
la composent va jusqu'à l'uniformité et à la monotonie.
Jamais écrivains craignirent moins de se répéter eux-
mêmes et de répéter leurs collaborateurs. Mais il y a
dans cette opiniâtreté de leurs affirmations une marque
de conviction qui impose au moins le respect. Puis avec
eux le lecteur n'a pas de surprise ; il se sent conduit
par une main qui se croit sûre. Les hommes et les
choses sont jugés toujours de même et du même point
de vue ; et, en face de tant d'opinions instables, cette
fixité donne l'illusion de la certitude. J'ajoute que les
premiers positivistes en étaient arrivés à ce degré de
confiance en eux-mêmes qui communique à toute la
pensée une belle sérénité. Sûrs de l'avenir, ils savaient
être justes pour le présent et même pour le passé. Il y
a bien quelque arrogance et quelque pitié dans la sympathie que Comte témoigne aux religions disparues, ou
destinées, selon lui, à disparaître. Il dédaigne d'insister
sur leur défaite et sur son triomphe. Du moins sa hau-

teur lui tient-elle lieu d'impartialité et lui épargne-t-elle
les petitesses d'une polémique haineuse. Toute la génération positiviste qui a précédé la nôtre trouvait de
même un principe de libéralisme dans la sécurité de
ses illusions. C'est à ces esprits droits et élevés, que le
nom de M. Littré représente si honorablement pour eux
devant la postérité, que nous voulons demander, sur
les questions d'éducation, le commentaire de la pensée
de leur chef.

On a dit (1) que la littérature pédagogique du positivisme était fort pauvre. La chose est vraie si l'on
compte les livres pouvant faire figure dans un catalogue.
Les docteurs Lallemand (2) et Ch. Robin (3) seraient
même nos deux seuls auteurs. Mais nous avons mieux
et moins que des livres tout à la fois : une série d'articles au jour le jour écrits à l'occasion de projets de
loi ou de discours. Quelques-uns sont signés du grand
nom de M. Littré, et ont trouvé place dans ce livre de
bonne foi, où l'auteur voulant, avant de mourir, faire son
examen de conscience intellectuelle, réédite, avec un
commentaire souvent désenchanté, des pages vieilles de
trente ans (4). Les positivistes étaient gens trop absolus
pour n'avoir pas une opinion sur tout ce qui se faisait
et se défaisait dans l'instruction publique. Un bon positiviste a réponse à tout depuis qu'Auguste Comte a
écrit. Mais, en matière d'éducation surtout, la pra-

(1) Compayré, *Histoire critique des doctrines de l'éducation
en France*, II, p. 352.
(2) Lallemand, *Éducation publique.*
(3) Robin, *Instruction et Éducation.*
(4) *Conservation, Révolution et Positivisme.*

tique est plus difficile que la critique. La tentation vint donc par moments aux positivistes de se borner à critiquer. « La philosophie positiviste, écrit M. Littré, indique le sens de la rénovation, laissant aux tentatives des classes et aux événements le soin d'indiquer les mesures transitoires. » Cela ressemblait fort à une défaite. Les lois de 1850 et de 1875 mirent à deux reprises l'école au pied du mur. Il s'agissait de profiter de la liberté donnée, de faire quelque chose. On fit des projets. Mais, dit mélancoliquement M. Littré, les maîtres, les élèves et l'argent manquèrent, ce qui du moins lui laissa dans l'excellence d'un programme, qui échappait ainsi à toute expérience, une fois que cette expérience eût pu détruire.

Ce programme avait été solennellement rédigé par le triumvirat qui régnait alors sur l'école, MM. Littré, Robin et Wyrouboff. Leurs collaborateurs s'en inspirent dans d'autres plans plus vastes et plus détaillés. Mais lui-même était inspiré directement de la doctrine de Comte et n'en était qu'une adaptation. Tout système de philosophie comporte ainsi un système d'éducation. Le plus simple est donc de remonter au principe de la pédagogie positiviste, c'est-à-dire de demander au positivisme lui-même les deux ou trois formules dans lesquelles il tient tout entier.

Quand on songe au retentissement du positivisme et à son influence, et qu'on s'efforce d'autre part de réduire cette philosophie à ses éléments, on s'étonne du petit nombre de ceux qui résistent à l'analyse, et de la disproportion entre ces causes et leurs effets. Les positivistes ont fait beaucoup avec peu. Il est vrai qu'ils compensaient par l'intensité de la foi la pauvreté des dogmes. — La loi des trois états est le premier de ces dogmes. C'est l'épine dorsale du Comtisme, dit Stuart Mill. Elle consiste en cette remarque que les hommes ont d'abord cherché dans une intervention surnaturelle la raison du moindre phénomène qui frappait leurs regards, qu'ensuite cet abus du divin lassant leurs intelligences plus mûres, aux volontés d'en haut ils ont substitué des entités, sortes d'idées générales dans lesquelles se résumaient les phénomènes, mais que la pensée qui les avait formées personnifiait et prenait, dupe d'elle-même, pour des réalités et des causes; qu'enfin ils arrivent à expliquer les faits par les faits, et à se contenter de ce peu, qui vaut mieux pour l'esprit éveillé que tous les trésors de ses rêves : une loi.

La succession de ces trois états qui sont l'état théologique, l'état métaphysique et l'état positif, ne s'observe pas seulement dans l'histoire générale de la pensée humaine. Chaque problème a successivement ces trois solutions. Et il est des problèmes qui retardent sur d'autres. Nous en sommes encore à l'état théologique sur un point, quand nous en sommes à l'état métaphysique sur un second, et à l'état positif sur un troisième. D'aucuns prétendraient que ce ne sont point là toujours des retards, et qu'à des questions différemment posées conviennent et conviendront éternellement des solutions différentes. Mais le positivisme a lu dans l'avenir et l'avenir est à lui. Dieu et les dieux seront remerciés de leurs services provisoires, et avec eux ces légions de causes imaginaires qui auront été du moins entre la mythologie et la science d'utiles transitions. Nous n'avons pas à discuter ici cette audacieuse et spécieuse hypothèse. Mais hypothèse nous avons bien le droit de l'appeler ; et lorsque, pour en tirer quelque méthode à leur usage, les théoriciens de l'éducation positiviste grefferont sur elle d'autres hypothèses encore, nous aurons bien le droit de nous demander comment un esprit positif peut trouver là son compte.

La seconde révélation d'A. Comte est sa classification des sciences. Six sciences représentent tout le savoir humain : les mathématiques, l'astronomie, la physique, la chimie, la biologie et la sociologie. Leur ordre est celui d'une généralité décroissante. Cet ordre est l'ordre logique, car il est naturel que l'esprit humain résolve d'abord les problèmes les plus généraux et les plus simples. Aussi bien, poursuivent les positivistes, les faits n'ont-ils pas donné à la logique de démenti, et la classification de Comte indique à chaque science sa place vraie dans l'histoire du progrès intellectuel. Enfin l'esprit de chacun de nous, comme si cette classification était latente en lui, y trouve le plan d'études qui répond le mieux à ses besoins et à ses forces. Aussi les disciples de Comte, cherchant dans l'œuvre du maître une pédagogie, ne feront-ils qu'user de ces indications, — et qu'en abuser. Car cette classification des sciences a eu cette fortune de devenir un dogme de plus en plus étroit. Le maître y faisait, nous le verrons, des restrictions dont les disciples ne voudront plus ; et c'est en l'appliquant à l'éducation qu'ils lui donneront justement cet excès de rigueur, et se montreront plus comtistes que Comte.

Pour celui-ci quelque chose dans cette classification

importait plus que la classification même, c'est la pro-
clamation implicite d'une méthode unique convenant
à des objets aussi différents que ceux de la mathématique et de la sociologie. Sous une apparence modeste,
cette classification est donc toute une philosophie, disons
toute une métaphysique. Or que de postulats n'implique
pas cette métaphysique, ou plutôt que de négations ?
Car les inventions du positivisme sont toujours des
négations. C'est ainsi qu'il se targue d'avoir ajouté aux
programmes d'éducation une science nouvelle dont il
est l'inventeur, et dont il garde le monopole. Cette
science nouvelle est la sixième de la classification de
Comte, c'est la sociologie. Par elle, les phénomènes
sociaux sont notés, classés, ramenés à des lois compa-
rables à celles qui régissent les phénomènes du mouvement et de la vie. Mais nous aurons à juger ce que vaut
ce prétendu bienfait, et il se trouvera que ce qui devait
enrichir l'éducation l'a appauvrie. — Quoi qu'il en
soit, la loi des trois états, la classification des sciences,
et la constitution de la sociologie, voilà tout le posiii-
visme, et toute sa pédagogie.

III

On peut se demander avec étonnement ce que la loi
des trois états a de commun avec la pédagogie. L'évolution de l'esprit humain à travers les siècles et l'édu-
-cation d'une intelligence individuelle peuvent être heureusement comparées, et Pascal l'a fait dans une phrase
immortelle. Mais comparaison n'est pas raison, et la
différence entre ces deux progrès éclate aux yeux. L'humanité n'est pas un être, mais une série, mais plusieurs

séries parallèles de générations, et la continuité de la pensée subit en elle mille interruptions. Cependant, cédant à l'instinct peu positif de réaliser des abstractions, et à la tentation de prendre des collectivités pour des personnes, le positivisme fait à la lettre de l'humanité un seul être qui grandit sans cesse. Son enfance a été l'âge théologique, sa jeunesse l'âge métaphysique, sa maturité est l'âge positif. Et si l'histoire de l'humanité peut être comparée à une vie humaine, chaque vie humaine reproduit à son tour cette histoire de l'humanité. Comme la monade de Leibnitz était un microcosme, chaque homme est, par son évolution individuelle, une humanité en miniature. Les lois de l'évolution sont les mêmes, qu'elles s'étendent dans des siècles ou se resserrent dans des mois. M. Herbert Spencer (1) s'emparera de ce parallélisme signalé par A. Comte entre l'évolution de l'humanité et l'éducation de l'homme, parallélisme qui apparaît en effet comme un pressentiment de son propre système. Et voilà pour lui le plan de toute éducation révélé et contrôlé par l'histoire. L'enfant est encore voisin du singe. Il plonge dans l'animalité non seulement par la ressemblance de ses fonctions incomplètes, mais par une parenté effective dont il n'a pu encore effacer la trace et secouer le joug, témoin sans cesse renaissant de notre humble origine. Mais de cet animal humain, avec les premières curiosités de l'intelligence, un sauvage va sortir qui se transformera de lui-même en un civilisé par la toute-puis-

(1) Voir plus loin notre étude spéciale sur Spencer. Il sera d'ailleurs souvent question de lui avant que nous nous occupions de lui pour lui-même.

sance d'une évolution dont l'apprentissage n'est plus à faire. Voyez son nez camus se redresser, ses yeux écartés se rapprocher, ses lèvres s'amincir. Au-dedans de lui quelque chose d'analogue à ce changement de type physique s'accomplit, sans que l'éducateur y soit pour rien. Crédulité naïve, sentiment exagéré de notre petitesse et de notre dépendance, besoin d'adorer et de prier, el d'avoir à la moindre secousse où refugier notre âme éplorée, puis désir de connaître et de comprendre, l'esprit prenant conscience de lui-même et cherchant à se retrouver dans les choses, jusqu'à ce qu'enfin, assagi, il se mette à l'école des faits et consente à recevoir d'eux la vérité, n'est-ce-pas là l'odyssée intellectuelle de chacun de nous? Et qui oserait dire que l'éducateur n'a aucun profit à l'avoir lue dans l'épopée humaine avant de la relire dans l'âme de l'enfant?

Une réflexion cependant s'impose à nous : si tout est ainsi réglé d'avance, et si l'hérédité pèse à ce point sur chaque intelligence que l'heure de tout progrès est marquée pour elle, en même temps que ses limites, si l'évolution en un mot fait si bien les choses, que reste-t-il à faire à l'éducation? Qui dit éducation n'entend point transformation fatale, exécution inconsciente d'un programme dont les combinaisons, antérieures à nous, échappent à notre action. Puisqu'on prétend, par les hypothèses au milieu desquelles on nous transporte, régénérer l'éducation, il faudrait qu'elles n'en fussent pas tout d'abord la suppression. Mais peut-être veut-on seulement prévenir les exigences hâtives d'un éducateur inexpérimenté, et lui enseigner la méthode des progrès lents et des actions opportunes. Tout sera bien alors pourvu que, par une fâcheuse réaction, il n'exagère pas maintenant la discrétion et la complaisance pour des erreurs destinées à disparaître. Car il les autoriserait par le seul fait de les tolérer, et risquerait, sans avoir rien dit, de les faire entrer plus avant dans l'esprit de l'enfant. C'est que l'éducateur agit par sa présence seule et par tout ce que lui prête le petit être qu croit en lui. Son action est faite d'intentions qu'il n'a jamais avouées, d'attitudes qui prennent un sens, de silences qui deviennent acquiescements et complicité. Voilà pourquoi tous les systèmes de non-intervention sont impraticables dans l'éducation. C'est l'enfant qui, en se blottissant corps et âme contre lui, impose à l'éducateur le rôle qu'il prend. Et pour supprimer l'éducation, il faudrait commencer par supprimer ces éducateurs malgré eux qui sont les pères et les mères. Voilà pourquoi enfin le mieux est de consentir aux responsabilités qu'on ne peut refuser et, puisqu'on agit sans le vouloir, d'agir plutôt en le voulant. Nous n'assisterons donc pas impassibles à toutes les conceptions naïves d'intelligences à peine écloses; nous sommes là pour faire mûrir ces intelligences et leur épargner les longs apprentissages. Je ne sais si, abandonnés à eux-mêmes, les enfants, pour la plus grande gloire d'A. Comte et d'H. Spencer, nous donneraient la représentation des différentes formes du polythéisme se succédant et s'épurant, jusqu'à se fondre dans la croyance à un Dieu unique où la pensée se repose provisoirement. Mais nous ne devons pas les abandonner à eux-mêmes. Si l'éducation positive signifie cet abandon, et si le respect des faits va jusqu'à craindre de les modifier, même quand ils le mériteraient, c'est éducation paresseuse, c'est abdication qu'il faut dire.

Mais nous redouterions davantage un autre danger. L'éducateur positiviste s'appliquera à modifier l'intelligence de l'enfant dans le sens qu'il prend pour celui de l'évolution. Il sait de science certaine que chaque intelligence doit arriver à l'état positif. Cette certitude étouffera en lui le respect que nous impose tout ce qui garde pour nous quelque secret, et cette dernière forme de la piété, la crainte d'effaroucher une âme pieuse. Car ce n'est pas violenter les consciences que de les faire entrer un peu plus tôt dans un chemin où elles doivent entrer tôt ou tard. Sans les brusquer (car on connaît les lois de l'esprit, et cette lenteur à se transformer que l'on impute à une suprême résistance de la foi), mais peu à peu, et par des procédés savamment combinés, on leur désapprendra les superstitions d'aujourd'hui, comme elles ont désappris d'elles-mêmes celles d'hier, et on leur procurera enfin cette paix que l'on attend pour elles de la sensation du vide.

Et voilà organisée la pire des intolérances, intolérance sans colère, mais savante et méthodique, qui ne s'en prend pas aux croyances faites, mais qui les énerve avant qu'elles aient eu le temps et la force de naître, Maître de l'éducation, le positivisme exercerait un mode subtil de tyrannie ; car de ses victimes ignorantes ou oublieuses des violences subies, il se ferait des alliées, jusqu'à ce que, par un phénomène d'atavisme avec lequel il lui faut bien compter, certaines idées réapparaissent dans les consciences, ou pour s'y éteindre à jamais après ce dernier effort, ou pour protester contre

la servitude où on les tient, et revivre. Le positivisme
en sait trop long sur l'avenir. La tentation d'anticiper
sur cet avenir et d'aider demain à naître est trop grande
pour lui. Car la pression ici devient aux yeux de ceux
qui l'exercent providence et charité. Il y aura toujours
là de quoi inspirer une salutaire défiance à ceux qui
préfèrent à tant de charité un peu de liberté. Sans que
le noble esprit de M. Littré ait pu arrêter cette conséquence, le positivisme est un dogmatisme où les fana-
tiques de l'incrédulité trouvent à la fois des armes et
des excuses.

IV

Pour la classification des sciences, c'est M. Littré
lui-même, et dans des circonstances que nous avons
dites, qui s'est chargé de la transporter dans l'éducation. Il conçut le projet d'une école supérieure où les
jeunes gens entreraient vers quinze ou seize ans, et rece-
vraient successivement l'enseignement des six sciences
fondamentales. Cet enseignement devait durer en tout
trois années. Six mois étaient donnés à chaque science.
Il est évident que cela suppose une connaissance antérieure de chacune d'elles, des mathématiques tout au
moins. D'ailleurs l'âge auquel M. Littré comptait
prendre ses élèves nous en dit assez. On ne serait pas
allé à cette école pour faire, mais seulement pour refaire ses études. Avant d'entrer dans la vie, et de se
vouer à une science ou à une carrière spéciale, on s'y
serait saturé d'esprit positif. École intermédiaire entre
le véritable enseignement secondaire dont les programmes sont plus larges, et l'enseignement supérieur

dont les programmes sont plus spéciaux, l'école positive eût tenu la place de nos classes de philosophie dont l'objet est surtout de donner à l'esprit une empreinte. Comme le dit M. Littré, en triomphant trop aisément, le savoir que les futurs élèves de l'École polytechnique, de l'École de droit et de l'École de médecine eussent emporté de là ne leur eût jamais nui et leur eût souvent servi. Le positivisme défend ici les études générales contre la hâte de se spécialiser et de faire besogne pratiquement et pécuniairement utile. Mais, en demandant trois ans, ne demandait-il pas tant qu'il risquait bien, ce qui lui est arrivé, de ne rien obtenir ?

D'autres que M. Littré, se fondant toujours sur la hiérarchie des six sciences, en font un tout autre usage. Celui-ci l'applique à la fois à l'enseignement primaire et à l'enseignement secondaire (1), mesurant et proportionnant aux âges et aux moyens la dose de chaque science. L'ordre et le nombre de ces sciences sont seuls fixes et sacrés. Celui-là, nous donnant le plan le plus complet d'éducation qu'un positiviste ait tracé (2), fait des six sciences, et toujours dans l'ordre sacramentel, les six études successives qui, de l'enfance à l'adolescence, nourriront et développeront l'esprit. C'est l'exécution la plus scrupuleuse d'un programme dont l'auteur, A. Comte, avait négligé de dire à quel âge il convenait. Mais outre que ce désaccord inattendu entre les interprètes du maître nous apprend que sa pensée n'était pas aussi claire que son apparente rigueur nous le faisait croire, l'application trop stricte de cette pensée

(1) *Revue de Philosophie positive*, VII, 477.
(2) *Ibid.*, XV-XVIII, articles de M. Narval.

n'en est-elle pas la réfutation par l'absurde ? Tant de
fidélité devient une trahison. Car qui oserait soutenir que
les mathématiques, cet alphabet des sciences, doivent
être enseignées aussitôt après l'autre alphabet. Tout au
moins faut-il laisser quelque trêve à l'esprit, avant cette
sévère initiation. Aussi bien le commentateur trop zélé,
dont nous reproduisons la glose, suppose un enseignement préparatoire, concret celui-là, pendant lequel
les sens et la mémoire amassent des matériaux pour
l'abstraction du lendemain. Ainsi quelques années em-
ployées à nos provisions intellectuelles, et toutes les
autres à faire valoir ce capital amassé. L'enseignement
par le concret et l'enseignement par l'abstrait se succè-
dent brusquement. Quand l'un commence son rôle,
l'autre a fini le sien. Cela n'est-il pas d'une psychologie
quelque peu saccadée et arbitraire ? ·

Le plus étrange est que la prétention (1) des positivistes
est justement de suivre la nature et de se borner à répondre aux secrets instincts de l'intelligence qu'ils
forment. C'est l'enfant qui découvre la géométrie après

_____

(1) Cette prétention éclate dans les quelques lignes qui suivent : « Ce que l'enfant avait vu dans tous les corps, c'est qu'ils
sont distincts les uns des autres, qu'ils se prêtent à l'idée de
nombre, et, nous appuyant sur cette observation, nous lui avons
appris le calcul abstrait avec ses lois. Il nous sera facile ensuite de lui faire remarquer que non seulement les corps
sont uns, mais qu'ils sont étendus aussi, que l'étendue est
une seconde propriété générale de ce qui est, que l'étendue
la plus simple est la ligne... etc... Puis, nous lui deman-
derons quels corps il a trouvé les plus répandus sur cette
surface extérieure de la terre, et nous serions bien inha-
biles s'il ne nous répond pas : l'oxygène, l'hydrogène, l'azote
et le carbone. » (*Revue de Philosophie positive*, XVII, 253-256).

avoir découvert l'arithmétique. Il va de même de science
en science par un mouvement naturel, et sans que
l'éducateur ait autre chose à faire que de suivre ce
mouvement. Que d'illusions dans tout cela ! et, s'il était
permis de faire des expériences sur une âme d'enfant,
nous aimerions qu'une fois un maître attendît ainsi les
inspirations de son élève, pour voir combien de temps
durerait cette attente. Mais cette attente dût-elle être
récompensée qu'elle ne serait pas tout son rôle. S'il est
vrai qu'il doive être à l'affût de toutes les curiosités
enfantines, et suivre les pistes que la nature a d'elle-
même tracées, il est faux qu'il doive toujours subor-
donner son enseignement à l'initiative plus ou moins
déclarée de l'enfant. De même que des philosophes,
proches parents des positivistes, tendent à supprimer
la peine de l'éducation morale, les positivistes font
fausse route en supprimant l'effort de l'éducation intellectuelle. Car cet effort en est souvent le résultat le
plus clair et le moins discutable bienfait. M. H. Spencer,
qui rappelle J.-J. Rousseau par l'audace avec laquelle
il va jusqu'au bout d'un paradoxe, nous dira que le
plaisir de l'enfant est le critérium sur lequel le maître
doit régler ses leçons. Or ceci est la négation de tout
esprit de discipline et de méthode, j'ajoute la fin de tout
progrès. A suivre la nature de l'enfant, même le moins
capricieux, le maître se détournerait de son chemin et
ralentirait sa marche. La leçon, tout en mesurant l'effort,
tout en éveillant l'intérêt et en exerçant le jugement,
doit aller du maître à l'élève. La vérité s'enseigne et se
transmet, et qui dit instruction dit toujours révélation.

Rien n'est d'ailleurs moins modeste, malgré l'ap-

parence, que cette prétention de suivre la nature. Car
elle suppose cette nature mieux connue qu'elle ne l'est.
Chaque inventeur de méthode se réclame de la nature.
Y a-t-il donc autant de natures que de méthodes ?
Peut-être, à une exception près. Car nous doutons
qu'il y ait une nature selon la méthode positiviste, une
nature qui épuise les mathématiques avant d'aborder
la physique, et celle-ci avant de toucher à la chimie,
et à plus forte raison aux sciences sociales ; une nature
dont le développement ait lieu par tranches artificielle-
ment découpées. En vain invoquerait-on l'histoire de
l'esprit humain sur laquelle on veut calquer l'histoire
individuelle de chaque esprit. Car A. Comte s'est chargé
lui-même de réfuter ici ses disciples : «.En considérant,
dans son ensemble, le développement effectif de l'esprit
humain, on voit que les différentes sciences ont été,
dans le fait, perfectionnées en même temps et mutuelle-
ment ; on voit même que les progrès des sciences et ceux
des arts ont dépendu les uns des autres par d'innom-
brables influences réciproques, et enfin que tous ont
été étroitement liés au développement général de la
société humaine (1). » A vrai dire, il est aussi malaisé
de résumer l'histoire de l'esprit humain en un processus
logique, dont l'évidence s'impose, qu'il est malaisé de
réduire la nature de ce même esprit à quelques lois
vraiment primordiales. La hiérarchie des sciences, que
nous présente A. Comte, nous donne à penser que l'intelligence humaine s'est élevée lentement du simple au
complexe, se sentant mieux à l'aise et mieux chez elle en

(1) *Principes de philosophie positive*, p. 170.

pleine abstraction mathématique que dans l'imbroglio
des phénomènes vitaux et sociaux. C'est mûrie par une
longue école, c'est de nos jours seulement qu'elle a osé
s'en prendre à ces phénomènes en instituant deux sciences, l'une vieille de cinquante ans à peine, l'autre moins
vieille encore, la biologie et la sociologie. Mais l'empirisme anglais depuis Bacon jusqu'à Spencer, découvre
tout autre chose dans l'analyse de nos facultés et dans
la genèse de la science, Pour lui, des faits nous tirons
des lois voisines d'eux encore par leur courte générali-
lité et par leur multitude. Puis ces lois, traitées à leur
tour comme on traite des faits, deviennent la matière
de lois plus simples, et c'est à l'étage supérieur de la
science seulement que l'abstraction mathématique
apparaît pour couronner l'édifice. On voit donc qu'il
y a autant d'histoires qu'il y avait tout à l'heure de
natures et qu'il y a de systèmes.

Mais l'histoire serait-elle la même pour tous que
toutes les questions de méthode ne seraient point ré-
solues. Car on pourra toujours continuer de douter que
l'enseignement doive procéder comme la recherche, et
qu'il soit bien nécessaire à chaque homme de refaire le
long chemin suivi par le génie collectif de l'espèce.
C'est A. Comte lui-même qui, dans une page excellente,
distingue l'ordre d'exposition historique de l'ordre
dogmatique, le premier convenant seulement aux dé-
buts d'une science, le second marquant son avancement
et son avènement définitif. Ajoutons que cette fidélité
à l'histoire n'est jamais que relative. Il est impossible
d'assujettir l'esprit d'un homme, d'un enfant, à passer
par tous les intermédiaires, par les tâtonnements, par

les alternatives de doute et d'espoir, de visions réconfortantes et de ténèbres qui sont l'histoire intime et oubliée de tout progrès. On trompera donc cet esprit en le menant trop vite. Tous les sauts qu'on lui fera faire créeront dans la lente genèse de la vérité qui doit s'opérer en lui une véritable discontinuité. Par un souci malencontreux d'une exactitude historique impossible à atteindre, nous n'aurons produit que l'erreur. Aussi bien l'éducation a pour objet de faire bénéficier le présent du travail du passé, non de le lui faire recommencer, étant le don gratuit d'une épargne accumulée.

Cette tentative des disciples de Comte, pour trouver dans la hiérarchie des sciences une méthode d'éducation, n'eût donc produit que le spectacle significatif de leurs contradictions et de leurs incertitudes s'ajoutant à leurs paradoxes et à leurs hypothèses, si l'originalité et l'influence du positivisme n'étaient toujours moins dans ce qu'il dit que dans ce qu'il ne dit pas. Or faire des six sciences la base de toute éducation, c'est biffer par prétérition toutes les autres sciences, et toute l'éducation morale et littéraire. M. Littré en prend allègrement son parti : « Dans un pareil système d'enseignement, où sont donc la psychologie, la théologie, la métaphysique, la morale, l'esthétique, et autres branches douées de plus ou moins de généralité ? » A cela la réponse est facile : tout ce qui est nécessaire à savoir en psychologie pour des étudiants est donné dans la physiologie psychique, portion de la biologie ; la métaphysique, la morale, l'esthétique et même la théorie de l'industrie trouvent leur place naturelle dans la sociologie, à chacune des phases où elles ont eu prépondérance et éclat (1). » La classification de Comte a donc ce privilège qu'elle n'a pas à prendre pour règle d'embrasser toutes les sciences existantes, mais que les sciences ont à rentrer de gré ou de force dans ses cadres. C'est du positivisme a priori. — Mais les lettres restent de toute façon en dehors du programme. C'est qu'elles ne peuvent contribuer à former l'esprit positif ; on n'a pas besoin d'elles pour la seule fin que l'on poursuive, et on ne réfléchit pas à ce qu'une telle proscription a d'arbitraire. Cependant le libéralisme équitable de M. Littré admet en leur faveur des compensations et des compromissions. Elles ne font point partie du programme d'études positives, du seul programme breveté et garanti ; mais si l'on se souvient que ces études ne réclament les jeunes gens qu'à partir de la quinzième année, il faut convenir qu'une éducation préalable a pu leur être donnée, et toutes leurs aptitudes éveillées. Nous nous étonnerons seulement, si les lettres sont une utile discipline intellectuelle jusqu'à quinze ans, qu'elles ne puissent servir de rien de quinze à dix-huit. Puis, après avoir protesté une fois de plus contre cette pédagogie qui découpe en tranches la vie de l'enfant, nous ajouterons qu'une étude destinée à être abandonnée est toujours mal faite, étant tenue en petite estime par les élèves qui devinent et devancent les intentions du programme. Aussi bien l'indulgence de M. Littré pour la culture littéraire est-elle toute personnelle. D'autres la relégueront franchement dans la sociologie, refuge ouvert

---

(1) *Conversation, Révolution et Positivisme*, p. 29.

à toutes les études proscrites. C'est-à-dire que, là où nous cherchions des émotions pour le cœur et des leçons pour le goût, nos fils plus sages chercheront des documents. On a déjà commencé. Les lettres elles-mêmes seront ainsi converties à la science, ce qui sera le triomphe de l'esprit scientifique.

, Là est la véritable et persistante action du positivisme. Beaucoup ignorent et la classification des sciences et tout ce qu'on en a voulu faire qui sont pénétrés de l'esprit qu'elle a apporté, esprit d'exclusion et d'excommunication intellectuelle contre tout ce qui ne se plie pas aux méthodes positives, et ne promet pas de se ranger sous les lois de la mathématique universelle. Avec les lettres, d'autres études, et qui portaient jusqu'ici le nom de sciences, sont victimes de cette condamnation sans phrases. Un type étroit de savoir est défini en dehors duquel il n'y a plus de salut pour l'esprit. Le positivisme dans l'éducation n'est pas l'application de quelques idées de Comte et d'un programme de M. Littré. Son influence, ainsi entendue, eût été nulle, et cependant tous autour de nous la proclament ou la dénoncent. C'est que de ces idées et de ce programme quelque chose s'est détaché qui leur a survécu. Nous discuterons cette forme survivante d'une doctrine qui ne s'est allégée que pour mieux se répandre. Mais il nous faut auparavant achever l'étude du positivisme des positivistes, du moins de leurs idées pédagogiques.

V

L'introduction de la sociologie dans l'éducation est le dernier projet dont nous ayons à nous occuper. Mais ce projet en suppose un autre réalisé, la constitution d'une science qui serait la sociologie. Or, au dire de M. Littré, « les trois volumes qui terminent le *Système de philosophie positive* contiennent non une sociologie, mais le dessin du développement de l'histoire (1). » D'autres essais depuis ont été faits. Mais nous ne pensons pas que ces gros recueils d'observations de mœurs, dont les civilisations primitives font surtout les frais, ni que les généralisations qui s'ensuivent deviennent jamais des manuels d'éducation. Il y aura donc une sociologie pour les curieux et les savants, et une sociologie pour les enfants. Celle-ci, selon le plan d'un des rédacteurs de la *Revue de Philosophie Positive*, contiendra, dans l'enseignement primaire, les langues, la grammaire, l'histoire et le droit élémentaire, et la même chose dans l'enseignement secondaire avec quelques additions telles que l'archéologie, la linguistique, la littérature, etc. La sociologie ainsi entendue serait donc un nom nouveau plutôt qu'une chose nouvelle, et nous comprendrions mal pourquoi les positivistes se vantent à tant de reprises de l'avoir inscrite sur leurs programmes d'éducation (2).

A la vérité pourtant, l'invention, disons mieux : la prétention est considérable. Elle consiste à faire la science de tout ce qui n'avait pas été jusqu'ici objet de science, d'appliquer la méthode positive à la littérature qui ne relevait autrefois que du goût, au droit que l'on croyait fondé sur des principes plutôt que sur des faits,

---

(1) *A. Comte et la philosophie positive,* p. 51.
(2) **Pour** cette page surtout, il faut rappeler qu'elle date de vingt ans.

à l'histoire où l'on cherchait à tort des libertés et des
responsabilités. Allons plus loin, et disons que cette
méthode une fois appliquée, et cette science une fois
faite nous révéleront la parenté de la sociologie et de
la biologie, et rattacheront, par cette filiation, l'existence des sociétés et leurs institutions, et ces fruits qui
germent en elles, le génie, la vertu et la gloire, à l'universel mécanisme. La conclusion a été donnée ici avant
que les prémices aient été amassées. Mais il faut reconnaître qu'il en est souvent ainsi, et en outre que rare-
ment hypothèse a donné pareille impulsion à la recherche scientifique, puisqu'il s'agit en définitive d'une
variante de l'éternelle hypothèse déterministe. Comment
ce déterminisme ressortira-t-il pour l'enfant de ce qu'on
lui apprendra de droit et d'histoire ? Nous le voyons
difficilement. Mais on aura soin d'en glisser l'idée dans
son esprit à côté des faits, si les faits ne la portent pas
avec eux, et elle y fera tout de même son chemin. Et
cet esprit deviendra un esprit positif. Car c'est faire de
la métaphysique que de croire à la liberté, mais ce n'est
pas en faire que de la nier, et cette négation est le premier principe qu'inocule la nouvelle éducation.

Principe entre tous appauvrissant et débilitant, on le
sait de reste. Tout ce qu'on a dit de l'homme qui perd
la foi dans sa liberté serait à redire de l'enfant, avec
cette différence que chez celui-ci l'éducation n'a pas
encore créé ces fortes habitudes qui dispensent d'être
libre. Nous préférons insister sur d'autres conséquences
plus particulièrement imputables à la philosophie positive. Comparer la sociologie et la biologie, c'est comparer la société à un vivant dont chacun de nous n'est

plus qu'un infiniment petit organe, et c'est immoler à
ce vivant qui nous absorbe non seulement notre liberté,
mais notre personnalité. Et avec ce sentiment de la
valeur et du droit de la personne s'évanouiraient à
jamais les aspirations dont il était l'âme. Le plus précieux des droits, le droit à l'immortalité sera perdu
dans le naufrage de tous les autres dont il était à la fois
le couronnement et le corollaire. Mais là encore c'était
faire de la métaphysique que d'affirmer, ce n'est plus
en faire que de nier. Dangereuse négation cependant
que celle qui diminue le prix de la vie et l'importance
que chacun attache à sa conduite. Mais peut-être la
portée donnée ici-bas à nos actes par leur retentissement dans la vie collective remplace-t-elle avantageu-
sement ce sens auguste qu'ils empruntaient à un mystérieux avenir ? C'est cette conception d'une valeur
sociale de la conduite substituée à sa valeur morale ;
c'est cette religion d'un idéal terrestre, le bonheur de
l'humanité, que le positivisme a laissé derrière lui dans
la conscience publique. Il a fait siennes, en leur donnant une forme savante, des idées qui n'étaient pas
précisément neuves, et leur a conquis en même temps,
sous l'empire de circonstances propices, une popula-
rité qu'elles n'avaient jamais eue.

Si nous repassons maintenant d'un coup d'œil les
théories des positivistes sur l'éducation, nous compren-
drons que l'école de M. Littré n'ait trouvé ni maîtres ni
élèves : car la loi des trois états ajoutait gratuitement
aux inconnues de l'éducation les inconnues de l'histoire,
et menaçait de fonder sur ces incertitudes un despotisme
intellectuel ; car la classification des sciences était un

lit de Procuste pour les programmes et pour l'esprit ;
car la sociologie n'était rien, ou était trop pour des
intelligences à former. — Mais si le positivisme a été
impuissant à fonder des écoles à lui, et où il se serait
soumis lui-même à la plus redoutable des expériences,
il a recueilli, en s'insinuant dans l'esprit public, et
par là dans l'éducation générale, les bénéfices d'une
influence qui n'eût été que moindre si elle se fût plus
directement exercée. Il en est de même de tous les systèmes. Ils valent et ils vivent par une ou deux idées
qui gagnent en force et en vitesse à laisser en route,
comme un lest incommode, le corps de doctrines qu'elles
traînaient avec elles. La loi des trois états implique,
nous l'avons vu, la fiction d'un état à venir de l'esprit,
et sollicite pour elle l'autorité d'une induction historique. La classification des sciences, incapable de donner un plan à l'éducation, lui a donné un mot d'ordre,
et ce mot est : science. La sociologie limite la destinée
individuelle en rivant l'homme à la terre, et en l'étrei-
gnant dans l'engrenage social où il se meut. Limitation
de la fin, limitation des moyens pour atteindre cette
fin, c'est là ce que tout le monde voit dans le positivisme, et « tout le monde » a raison. « La science pour
moyen et l'humanité pour but, » telle est la définition
donnée de l'éducation positiviste dans une revue à
laquelle nous avons souvent demandé la pensée intime
de l'école. Et cette formule exprime en même temps
les idées par lesquelles le positivisme s'est survécu à
lui-même.

CHAPITRE II

LES ALLIÉS DU POSITIVISME

Nous en avons fini avec le positivisme proprement dit et sa pédagogie. L'enseignement positiviste n'a pas été fondé, et ne pouvait l'être, nous croyons avoir montré pourquoi. Mais nous avons montré en même temps que de cette pédagogie, qui ne résistait point à l'analyse, quelque chose se dégageait qui prolonge son influence. On est positiviste à moins de frais aujourd'hui que du temps d'Auguste Comte. L'intolérance à l'égard des études littéraires et de l'éducation religieuse tient lieu de tout le système. Discuter ce positivisme actuel et répondre à ces deux questions : La science suffit-elle à former l'esprit ? Le bonheur de l'humanité suffit-il à fonder la morale humaine ? voilà quel devrait être maintenant notre objet.

Mais il nous faut encore ajouter, avant d'entreprendre cette discussion, que sur ces deux points, d'autres doctrines se sont rencontrées avec le positivisme qui en a recueilli et fait fructifier l'héritage. Souvent contradictoires dans leurs principes, elles avaient ceci de commun de conduire à ces deux conséquences, ou du moins à l'une d'elles : le culte exclusif de la science et de l'humanité. Et il s'est formé ainsi un positivisme exotérique auquel peu de philosophies de ce siècle peuvent dire qu'elles n'ont rien apporté. Antérieures à la philosophie positiviste, elles ont été entraînées dans le courant d'influence qu'elle a créé. Postérieures, elles en apparaissent comme des ramifications. Mais l'originalité et la précision de la pensée finissent par y perdre. Le positivisme était une école; il n'est plus qu'une étiquette.

Comte se proclamait disciple de Gall. Tous les modernes disciples de Gall, par une reconnaissante réciprocité, se proclament disciples de Comte. Importer la physiologie dans les études psychologiques, c'est du positivisme. Or il y a maintenant un point de vue physiologique pour toutes les questions où l'âme et la vie morale sont engagées. Il y a un roman physiologique, et qui a fait fureur. Il y a des plaidoiries physiologiques, et qui font acquitter. L'éducation physiologique sera celle qui se fondera sur la géographie cérébrale de l'enfant. Utile fondement sans doute; mais qu'est-ce qu'elle fondera sur ce fondement? En éducation la science de ce qui est est bien ; la science de ce qui doit être est mieux. Mais la première seule est une science positive.

On sait au milieu de quel mouvement d'idées et de quelle éclosion printanière de systèmes le positivisme est né. Tous ces systèmes étaient des programmes de rénovation sociale. C'était l'enfance et la première floraison du socialisme. A. Comte avait été lui-même le disciple et le collaborateur de Saint-Simon. Le positivisme porte la marque de cette origine. Il y a entre le socialisme et la sociologie plus qu'une parenté d'éty-

mologie, et celui qui fut pendant longtemps le plus
illustre représentant de la science qui a eu Comte pour
parrain, Spencer a beau se faire le champion des
droits de l'individu, la conception d'un organisme
social, dont les êtres, qui croyaient être des « touts »,
ne sont que des parties, prépare mal au respect de
ces unités expropriées d'elles-mêmes. Aussi y a-t-il
une secrète alliance entre tous ceux qui font bon mar-
ché des droits et de la liberté et le positivisme, qui
fournit à leurs instincts l'excuse d'un système. Les
socialistes sont les adeptes nés de cette moitié au
moins de la formule positiviste : l'humanité pour but.

N'y avait-il pas d'ailleurs un socialisme inconscient
chez les moralistes de l'intérêt général ? Et de ceux-là
le positivisme a hérité en ligne directe. C'est que l'intérêt se mesure, se calcule ; c'est quelque chose de
positif. Il peut être objet de science, puisqu'on parle
d'une arithmétique des plaisirs. Le positivisme ne pouvait qu'être utilitaire, et tous les utilitaires devaient se
convertir au positivisme, mais surtout ceux qui à la
règle de l'intérêt particulier avaient déjà substitué celle
de l'intérêt général. Car la morale de ceux-là était la
religion de l'humanité avec le mot de religion en moins ;
c'était un positivisme plus positif.

Ceux-là étaient parfois des économistes. L'économiste se place, dans ses appréciations de la conduite
humaine, au point de vue qui est le sien et, croyant
faire de la morale, fait encore de l'économie politique.
Car on est toujours ce que l'on est, et il est malaisé
d'avoir deux manières de penser, selon que l'on pense
en moraliste ou que l'on pense en économiste. Pour lui

le mot valeur n'a donc qu'un sens, et toute valeur doit pouvoir se traduire en espèces sonnantes. L'éducation doit produire, et produire quoi ? des producteurs. Le principal grief, combien de fois répété depuis, d'un brillant pamphlet contre les études classiques est qu'elles sont *improductives* (1). Et voilà comment l'enseignement, orienté dans cette direction, tend à devenir utilitaire et professionnel. La plupart des économistes français protesteraient contre cette conséquence, et ceux qui ont écrit sur les rapports de l'économie politique et de la morale les ont compris tout autrement. Mais le public a sa façon à lui de comprendre et de déduire qui n'est jamais subtile, mais qui est toujours logique. Et comment s'étonner, quand on lui enseigne que vivre c'est lutter, qu'il veuille s'armer pour cette lutte ! D'autant plus que c'est là une conception positive de la destinée qui va avec les habitudes générales d'esprit qu'on lui a données.

L'histoire est pour quelque chose à son tour dans ces habitudes. Elle aussi, par cela seul qu'elle est une science de faits, a contribué à cette exaltation moderne du fait. Puis l'histoire, s'appliquant aux idées, a paru résoudre ou supprimer le problème de leur origine et de leur objectivité. On ne s'est pas dit que l'évolution n'expliquait rien si on n'expliquait l'évolution elle-même. Solution historique et solution métaphysique sont devenues pour tous les problèmes dont l'esprit humain est la donnée solutions rivales. Le positivisme a-t-il simplement profité ici d'un grand courant d'études

(1) Frary, *la Question du latin.*

indépendant de lui, et qui suffirait à faire l'originalité
scientifique de notre siècle, ou l'a-t-il à son tour accé-
léré? Toujours est-il que la critique historique parle
volontiers de l'application des méthodes positives à la
science de l'homme.

A l'énumération des alliés plus ou moins consentants
du positivisme, faut-il ajouter ceux que l'histoire de la
philosophie appelle des sensualistes et des empiriques?
A vrai dire, la philosophie de la sensation et de l'expérience a revêtu différentes formes, et le positivisme
n'est autre chose que la forme moderne de cette philosophie. Nés au dix-neuvième siècle, Gassendi et Con-
dillac eussent été disciples de Comte, comme l'est
M. Taine. Partant de cette idée, nous attribuons malgré nous au positivisme tout ce qui s'est fait et pensé
autour d'un éternel système dont il est la plus
récente manifestation. A qui persuaderons-nous que
tout ce qui implique un relâchement de la discipline
intellectuelle et morale n'est pas du positivisme? Élever
moins l'enfant, et le laisser davantage s'élever lui-
même, porté par sa propre expérience ; confier à cette
éducation naturelle le soin de former non seulement
son intelligence, mais son caractère et sa moralité,
n'est-ce pas croire à l'art immanent de la nature plus
qu'à l'humaine raison ? et humilier la raison devant
les faits n'est-ce pas faire acte de positivisme, ou,
comme disait Comte, de positivité? Aussi les penseurs
anglais étaient-ils, pour la plupart, des positivistes
sans le savoir, et, en traversant la Manche, la philosophie de Comte s'est-elle trouvée chez elle. Dès lors
l'éducation par le concret, qu'a prônée le sensua-

lisme de tous les temps, passera pour une éducation positive, quoique A. Comte ait souvent répété que les six sciences fondamentales sont des sciences abstraites, et qu'il ait relégué au second plan les sciences du concret, comme sont les différentes branches de l'histoire naturelle. Du moins c'est toujours de sciences qu'il s'agit. Mais les leçons de choses aussi passeront pour leçons positives, puisqu'on les oppose aux leçons d'idées. Et cependant, pour les vrais positivistes, les mathématiques sont l'enseignement primordial. Un des plus purs parmi eux a écrit ce qui suit : « Il est incontestable que la science que l'homme, dans sa plus tendre enfance, saisit la première, est la mathématique. » Et quelques pages plus loin, le même auteur proteste contre « la manie de mêler à l'enseignement de la physique pure des applications qui ne sont plus du tout du domaine de la science » (1). Voilà qui est excellent selon nous, et d'un esprit qui se fait de la science une idée vraiment scientifique. Mais cet esprit-là n'est pas celui que le vulgaire, qui s'est fait un positivisme à sa taille, appelle un esprit positif. Positif plutôt est celui que l'abstraction inquiète, et qui ne se sent le pied solide que sur la réalité sensible. Et, nous l'avons dit, le vulgaire a sa logique que notre logique ne connaît pas, et ne saurait réfuter.

(1) Wyrouboff, *Rev. de Phil. positive*, I, p. 428-431 : « Ce que nous venons de dire de la physique s'applique également à la chimie, car en chimie aussi on néglige souvent la théorie pour s'occuper de détails purement techniques. On croit généralement que c'est un bon moyen d'intéresser les élèves et de leur donner du goût pour la science. Si cela est vrai, comme l'expérience le démontre, cela confirme une fois de plus la justesse de notre remarque sur l'absence de toute idée philosophique dans la rédaction des programmes en vigueur. »

Il n'est pas jusqu'à une certaine métaphysique qu'on ne puisse attribuer à ce positivisme populaire. Foi dans la science et le progrès, attente inébranlable d'un avenir intellectuel qu'une loi historique garantit, confiance filiale dans la nature qui permet que l'homme surprenne l'un après l'autres ses mystères et semble aider à sa propre défaite, oubli résolu de tous les problèmes qui troublent et contentement de la pensée volontairement diminuée et aveuglée, il y a dans cet état d'âme du naturalisme et de l'optimisme tout à la fois; naturalisme desséché, optimisme sans fondement, métaphysique sans horizon, synthèse trop hardie toutefois, espoir trop absolu, et qui trahissent l'instinct intellectuel que le positivisme devait justement étouffer (1). — M. H. Spencer a réalisé cette alliance des deux irréconciliables : la métaphysique et le positivisme. C'est un positiviste puisque l'absolu pour lui s'appelle l'inconnaissable ; c'est un positiviste puisque sa philosophie n'est qu'une vaste généralisation dont faits et lois marquent les étapes. C'est un métaphysicien aussi, puisque c'est un système de monde qui est sorti de son puissant cerveau; c'est un métaphysicien puisque l'inconnaissable, mis à la porte du système, y rentre par les fenêtres qui ouvrent sur lui de toutes parts. On dénonçait naguère (2) cette métaphysique inavouée de Spencer, et cette restauration édifiante de l'idée de finalité sous le nom d'évolution. Et parfois cette finalité se person-

---

(1) Ces pages étaient écrites quand nous avons lu la remarquable thèse de M. Rauh, où une idée analogue est exprimée.
(2) Caro, *Comment les dogmes finissent et comment ils renaissent* (*Revue des Deux Mondes*. 1er février 1886).

nifie chez lui, et il en parle comme nous parlons de
Dieu. Son livre sur l'éducation passe pour le manuel
de la pédagogie positive. C'est pourtant le livre d'un
croyant, qui croit à la nature, à sa bienfaisante ordonnance, à ses fins, et qui pousse cette foi jusqu'à la
superstition. Pour ce livre et pour les autres, nous
imaginons que Comte eût été embarrassé de classer
M. Spencer dans un des trois âges où il étreint l'histoire de la pensée humaine, et qu'il eût pris pour une
reviviscence métaphysique un système auquel le positivisme doit pourtant la moitié de son renom. Mais
M. Spencer n'est pour nous que la démonstration vivante de cette vérité, que quelque métaphysique est
latente dans toute pensée, même qui se dit positive. Et
par certaines phrases échappées à M. Littré, on peut se
représenter ce qu'une logique moins serrée et une
plume moins maîtresse d'elle-même eût laissé voir de
sa pensée, de sa pensée de derrière la tête.

Nous avons dit quelques-unes des façons modernes
de penser qui constituent à chacun une philosophie et
une pédagogie inconscientes, et nous avons choisi celles
qui, de près ou de loin, avaient avec l'esprit positif
quelque parenté. Il y a en effet des familles de systèmes,
et nous avons tenté de passer en revue celle dont le
positivisme fait partie. Tentative téméraire et qui ne
pouvait compter que sur un demi-succès. Car chaque
doctrine a son originalité propre qu'il serait superficiel
d'oublier, et d'autre part les idées sont chose si subtile
que les suivre à la trace est impossible, et qu'on est
sûr d'avance, en étudiant les directions où elles se sont
propagées, d'en négliger un bon nombre.

Dire avec précision où est le positivisme était malaisé, puisqu'il est un peu partout. Il n'est pas seulement chez ceux qui pensent, mais, par un singulier privilège, chez ceux qui ne pensent pas, et qui aiment à couvrir leur pauvreté intellectuelle d'un mot et d'un fantôme de système. Ce sont ceux-là qui ont épuisé la doctrine de Comte, et n'en ont retenu que quelques négations qui sont devenues pour eux une dispense commode non seulement de croire, mais de réfléchir. On est positiviste non seulement parce qu'on a vidé la coupe des déceptions métaphysiques, mais parce qu'on a eu la paresse d'élever ses lèvres jusqu'à elle. De même qu'on est pessimiste aujourd'hui avant d'avoir souffert, on est positiviste avant d'avoir pensé. Mais ces ignorants sont les servants de la science pour laquelle ils manifestent ce respect religieux qu'inspire ce qu'on ne connaît point. Mais ces paresseux d'esprit, que les mots gonflent et grisent, trouvent dans le culte de l'humanité une religion sans mystère, et avec profits éventuels, qui convient à l'indigence de leur vue et de leurs espérances.

De telle sorte que la formule, dans laquelle s'est résumé le positivisme proprement dit, résume aussi tout le mouvement d'idées dont son nom est aujourd'hui le plus clair symbole, et constitue enfin à elle seule le credo philosophique de beaucoup qui n'ont jamais philosophé. Quoi qu'on entende par ce mot devenu élastique de positivisme, c'est donc l'essence commune de toute pédagogie positive que nous discuterons en discutant ce double postulat : « L'humanité pour fin et la science pour moyen. »

CHAPITRE III

L'ÉDUCATION SCIENTIFIQUE

Développer harmonieusement tout l'esprit humain, et tenir la balance égale entre les facultés rivales, tel semble être le premier commandement de toute saine pédagogie. Mais de même que les vivants se disputent leur coin au soleil, dans l'esprit aussi des conflits s'élèvent, et il semble qu'il n'y ait pas de place en lui pour tout lui-même. Pour trancher équitablement ces conflits et faire à chaque aptitude sa juste mesure, il faudrait que l'éducateur eût réalisé en lui ces proportions parfaites qui s'imposent, et fût enfin cette âme type qui n'existe nulle part. Mais il y a des modes de penser comme de se vêtir, et ce sont elles qui le plus souvent règlent ici nos préférences. Les lettres étaient à la mode ; les sciences les ont supplantées momentanément dans la faveur publique. Ce sont là, dans les choses de l'esprit, jeux de hausse et de baisse, et le dernier mot n'est jamais dit. Un pédagogue allemand a même essayé d'établir les lois qui régissent la périodicité de nos caprices pédagogiques. Les lettres et les sciences auraient ainsi leurs *corsi e recorsi*. Et les délaissées d'aujourd'hui seraient assurées d'être les triomphantes de demain. Ce retour s'accomplira une fois de plus si les tenants des

lettres ne désespèrent-pas, mais ne se contentent pas
non plus d'espérer. Car ce sont là des lois que la liberté
humaine aide à se vérifier. Nous ne voulons pour notre
part que discuter les arguments des positivistes, et sous
la forme particulière dont ils les ont revêtus.

Sur ce thème banal : l'éloge de l'éducation scientifique,
jamais variation plus brillante n'a été exécutée que par
M. H. Spencer (1). C'est un hymne pédagogique. Il
passe vite sur les bienfaits matériels de la science, à qui
nous devons le confortable de la vie et quelquefois la
vie elle-même, de peur d'insister sur l'évidence, et
parce qu'il préfère mettre en lumière son rôle plus con-
testé d'éducatrice. Qu'elle développe la mémoire, c'est
là encore chose trop facile à démontrer ; et nous nous
demandons même si elle ne la développerait pas à l'excès,
lorsque M. Spencer nous rappelle avec quelque emphase
que la botanique peut enseigner les noms de trois cent
vingt mille plantes, et la zoologie ceux de deux millions
d'animaux. Mais la science est surtout la science des
rapports qui unissent les êtres et les faits. Elle enseigne
le nécessaire et déshabitue l'esprit des associations
contingentes. Par là elle exerce et mûrit le jugement.
Ce n'est pas assez dire, et son action plus profonde
pénètre jusqu'au caractère sur lequel elle agit, comme
agit toute discipline inflexible, en lui communiquant,
par une sorte de contagion, la fixité des lois au milieu
desquelles elle fait vivre la pensée. La nature, qui n'a

(1) Il faut en rapprocher toutefois l'éloquent plaidoyer de
M. Berthelot, *la Crise de l'enseignement secondaire*, *la Science
éducatrice* (*Revue des Deux Mondes*, 15 mars 1891), et le livre
récemment traduit de Huxley, *les Sciences naturelles et l'éducation.*

ni compromis ni faiblesses, nous apprend à nos dépens
la soumission. Mais, par ses leçons durement mater-
nelles, elle nous apprend en même temps à ne plus
compter que sur nous-mêmes. L'éducation qu'elle donne
affranchit et éprouve notre volonté, loin de la décou-
rager et de l'étouffer; elle l'affranchit des tutelles qui
deviennent des servitudes en la mettant face à face avec
le seul pouvoir dont elle relève. De sorte que cette école
de soumission est en même temps une école d'indépendance, de cette indépendance qui consiste à n'avoir
qu'un maître. Aussi la science a-t-elle été l'ennemie
née de toutes les superstitions, jusqu'à ce que cette
superstition nouvelle se soit formée dont la science
elle-même est l'objet.

Nous ajouterions volontiers un argument qui a dû
être déjà formulé, quoique nous ne nous rappelions
l'avoir vu nulle part (1) : la science donne à l'homme
une haute idée de l'homme; dans un temps d'universelle lassitude de vivre et de croire, elle nous fait croire
au moins en nous. Si elle est enfin la fille de tous les
siècles, elle est la fille préférée du nôtre, à qui elle a
payé en découvertes et en gloire ses préférences. Elle
est tout entière une protestation, que chacun de ses
nouveaux triomphes réédite, contre la décadence pro-
phétisée et déjà diagnostiquée. Or croire en son temps est
encore une façon de croire en soi-même; et, dans cet
énervement où nous commençons à nous plaire, toute
éducation capable de relever les courages devrait être
la bienvenue. La vie vaut la peine de vivre, puisqu'il y a

(1) Neuf, quand ceci a été écrit, il est devenu banal, sans
cesser d'être juste.

encore à apprendre ; et ce n'est pas, il faut bien le dire, parmi les chercheurs et les savants que se sont jusqu'ici recrutés les modernes décadents. La science, en assignant à l'homme une tâche, le sauve de lui-même, et dissimule la blessure laissée en son âme par l'idéal enfui.

M. Spencer va plus loin et trouve piquant de démontrer que la science est elle-même une poésie et une religion. Car elle donne à l'âme le frisson de l'immense et de l'éternel, laissant entrevoir tout dans tout, et dans l'atome le ciel ; car elle décore le présent des souvenirs du passé ; car elle enveloppe le moindre objet dans la trame éclatante des lois qui l'ont fait et qui ont fait le monde avec lui. « Pensez-vous que ce roc arrondi, strié de déchirures parallèles, évoque autant de poésie dans l'esprit de l'ignorant que dans l'esprit du géologue, qui sait qu'un glacier a glissé sur lui il y a un million d'années ?... Pensez-vous qu'une goutte d'eau qui, pour le vulgaire, n'est qu'une goutte d'eau, perd quelque chose aux yeux du physicien, parce qu'il sait que si la force qui réunit les éléments dont elle se compose était subitement dégagée, elle produirait un éclair ? » Disons plutôt que la nature, par la simplicité de ses voies, par ses sous-entendus tragiques, par les espaces et les siècles qu'elle embrasse, est pour l'âme poétique la plus magnifique et la plus troublante des épopées. Et combien ont noué avec cette poésie sublime une amitié de tous les instants qui a fait le bonheur et la dignité de leur vie ! Si les religions se démontrent par leurs saints et leurs martyrs, la science a les siens. Qu'on ne lui reproche donc plus ni sa sé-

cheresse, ni sa sévérité. Elle n'est sévère que pour ceux
qui ne l'aiment pas; elle ne dessèche que ceux qui ne
la comprennent pas. Mais sur les autres elle exerce une
séduction profonde, une séduction qui ennoblit ceux
qui la subissent.

Nous avons fait tout notre effort pour ne pas affai-
blir, en les résumant, les mérites de la science. Et cet
effort nous a été d'autant facile qu'il n'est rien dans
tout ce que nous avons dit que nous ayons maintenant à contredire. Oui, la science est une éducatrice virile ; oui, elle nous enseigne avec les précisions
austères de la loi, les émotions des lointains poétiques;
oui, elle seule sépare nettement le connaissable de
l'inconnaissable, et, nous approchant du bord où le
mystère commence, nous en fait mieux sonder l'infinité.
Mais de quelle science s'agit-il? et ne risquons-nous
pas de confondre, par un sophisme involontaire, avec
les claires visions du savant, les théorèmes que balbutie
l'enfant? or ceux-ci ne produisent peut-être pas sur
l'âme l'effet bienfaisant de celles-là. La science qui
s'enseigne n'est pas la science qui se fait ; elle n'est
même pas la science faite; elle en est l'alphabet et le ru-
diment. Si elle réussit encore à former le jugement, c'est
dans certains exercices seulement où l'on fait répéter
à l'esprit de l'élève le petit drame de la découverte, et
où on l'initie à la fois aux rigueurs de la méthode et
aux angoisses de la recherche. Mais le plus souvent
c'est la mémoire, nous l'avons déjà dit, qu'elle forme,
ou plutôt qu'elle déforme par l'abus. Car elle ne l'exerce
pas, elle la surcharge. Et, parmi les sciences, il en est
qui sont plus particulièrement à la mode du jour. Or ce

ne sont justement point les sciences de raisonnement,
mais celles dont on aura peine à nous faire croire que
dans leurs premières leçons elles stimulent l'esprit d'observation, et soient autre chose que des nomenclatures
plus ou moins illustrées. Ce sont toutes les sciences
dites expérimentales, mais dont l'enseignement ne
présente à l'enfant que la parodie de l'expérience. Car
il faut se garder de confondre avec l'expérience inquiète
du penseur qui poursuit la vérification d'une hypothèse la démonstration automatique qu'en reproduit
à volonté une machine savante (1). Celle-ci parle aux
yeux, fixe les idées en les attachant à une image, aide les
mémoires rebelles à l'abstraction, mais elle n'est en
définitive que le décor de la science. Combien moins
encore les sciences naturelles, où les généralisations
sont si tardives, s'adressent-elles à ce qu'il y a d'intellectuel dans l'esprit. Ce qu'on peut en enseigner à des
débutants n'a rien de commun avec « le général et les
causes ». C'est la matière de la science, mais là encore
ce n'est pas la science. Qu'il soit intéressant de savoir
le nom de toutes les parties du corps et de tous les os du
squelette, nous n'en disconvenons pas, à condition que
l'on convienne d'autre part que l'esprit, utilement
meublé par cette connaissance, n'est nullement formé
par elle. Et c'est pourtant de cette formation qu'il
s'agit.

Nous comprenons encore que, dans son intime communion avec la nature, le savant sente son esprit s'élever et s'affranchir. Mais nous nous demandons ce que

---

(1) Les professeurs de physique ont heureusement modifié
leur méthode et l'ont rendue plus expérimentale.

quatre ou cinq livres de géométrie, ou cinq cent pages de physique et de chimie, — et nous faisons la mesure large s'il s'agit d'enseignement primaire, — donnent de force au caractère et d'indépendance à la pensée. La notion de l'immuable se dégage-t-elle si vite et de si peu de lois? Ajoutons que ce peu est donné à l'esprit et n'est pas conquis par lui. L'éducateur exploite instinctivement la docilité intellectuelle de l'enfant avant d'éveiller son sens critique. Et en cela il a raison. Il y a des âges pour l'éclosion des facultés comme des saisons pour la maturité des fruits ; et le sens critique lui-même a tout à perdre à un usage prématuré. On ne peut savoir douter qu'après avoir su croire. Et des raisons de dix ans ont assez à faire de comprendre la parole du maître sans la discuter. Il faut donc en rabattre de cette éducation morale que donnerait la science, ou il faut s'entendre sur le sens de ce mot : la science. Il y a la science des savants et la science des ignorants. C'est de celle-ci que nous avons peur. Celle-ci n'éveille aucun sentiment poétique ou religieux qui en complète ou en corrige l'effet. La poésie et la religion de la science ne sont respirables qu'à ceux qui vivent sur ses sommets et embrassent, de la hauteur où leur esprit est placé, l'immensité des choses et des faits. Mais je cherche en vain la poésie qui se dégage de la loi de Mariotte, et la religion que renferment les cas d'égalité des triangles. Et comme on ne peut faire de tous les enfants des savants, le prestige du mot de science ne servira qu'à entretenir en eux l'illusion et l'orgueil. Il semble que cette science pour tous devrait être aussi modeste qu'elle est pauvre. Mais c'est le contraire qui arrive et le pédant n'est jamais le vrai savant. On a souvent remarqué que celui-ci sait qu'il sait peu de chose, et que cette conscience de son infirmité lui donne l'esprit de justice, de tolérance; le sens du respect et le besoin d'une explication suprême où sa raison mécontente d'elle-même se réfugie. Mais celui qui croit tenir le monde entier dans les quatre règles qu'il vient d'apprendre, celui-là croit tout savoir, justement parce qu'il sait peu, et il autorise du nom de science, qu'il profane, le dogmatisme de ses jugements, n'ayant plus pour les croyants que dédain, et pour les ignorants, dont il ne sait pas être si près, que pitié. « Un peu de science nous éloigne de Dieu »; entendez par là qu'elle fait perdre à l'esprit qu'elle exalte le sentiment divin de ses limites et de sa dépendance, et qu'elle nous éloigne, en même temps que de Dieu, de la justice et du respect.

Distinguons donc avec soin la science du collège de la vraie science, et les deux états très différents des esprits que l'une ou l'autre emplit tout entiers. Mais nous dirons maintenant qu'il en est parmi les savants eux-mêmes qui ne retirent pas de la science tous les bienfaits qu'on nous a dits. C'est qu'enfermés dans une seule étude ils ont perdu en largeur de vue ce qu'ils ont pu gagner en profondeur. Ils voient les choses au travers des préoccupations quotidiennes de leur esprit et encadrent le monde dans leurs formules familières. Il y a ainsi autant de mondes que de points de vue, et autant de points de vue que de sciences. Le mathématicien ne juge pas comme le physicien, ni celui-ci comme l'historien ; et la vérité s'éparpille et se rapetisse à la mesure de chacun. La division présente du travail scientifique rend ce mal inévitable en créant à chacun un horizon d'idées d'où il ne doit plus sortir, et qu'il prendra bientôt pour l'horizon tout entier : illusion professionnelle et obligatoire.

Or c'était justement à cette étroitesse des points de vue que Comte voulait porter remède. Mais le remède mal compris et mal appliqué n'a fait qu'aggraver le mal. A. Comte demandait à l'éducation scientifique d'être une éducation philosophique, c'est-à-dire de donner à chacun une provision d'idées générales que le métier et l'étude exclusive ne réussiraient pas à tarir. Des six sciences nous ne devions retenir que les généralités qui les relient et le système du monde qu'elles enferment. Mais c'était, qu'on nous entende bien, à des généralités que le fondateur du positivisme demandait, pour ceux que la vie pratique va prendre, un viatique intellectuel. Il comptait donner aux esprits une envergure telle que rien ne pourrait plus les rétrécir. Il comptait créer en eux un sens de l'universel et du nécessaire qui résisterait à toutes les surprises et à toutes les petitesses. Le but de l'éducation était admirablement compris. Pourquoi n'a-t-il pas été atteint ?— C'est que ces généralités scientifiques n'ont une signification que pour ceux qui, arrivés au terme d'une science, se heurtent à des problèmes dont ils reconnaissent, avec les problèmes qui limitent la science voisine, les liens de parenté. Il fallait donc se résigner à enseigner à la plupart des généralités sans assise, et quoi de moins scientifique et de moins positif? Il fallait promener l'esprit de science en science, avec l'espoir, condamné d'avance à être déçu, que cet esprit saisirait

au vol les méthodes, opérerait avec un art instinctif la
sélection des vérités, et ne retiendrait de chaque ordre
de recherches que ce qu'il a de vraiment nourricier
pour la pensée. Ou bien il fallait humblement commencer par le commencement, mais avec la certitude
que les trois quarts resteront en route et s'arrêteront
aux dehors de la science sans en pénétrer l'âme. Il
fallait, à ceux qui cherchent le bienfait d'une éducation générale, répondre par des éléments qui n'en finissent pas, et mentir à leur attente. C'est en définitive ce
qui a été fait. Et le positivisme, impuissant à fonder
l'éducation scientifique qu'il rêvait, s'est trouvé faire
de la propagande pour une éducation scientifique tout
autrement entendue.

Ces généralités que A. Comte demandait au système
des sciences, une science, qui exige un moins long apprentissage, suffit à les donner à l'esprit, et une année
entière est, dans nos établissements d'enseignement
secondaire, consacrée à cette science : nous voulons
parler de la philosophie. La classe de philosophie, que
les disciples de Comte supprimeraient volontiers, est
celle qui répond le mieux à ce besoin si vivement senti
par leur maître d'élever et d'élargir les idées (1). On
peut railler agréablement la fragilité des systèmes à
l'écroulement desquels elle nous fait assister presque
en même temps qu'à leur naissance. Ces systèmes n'en
sont pas moins des systèmes, c'est-à-dire qu'ils sont
les plus vastes efforts de l'esprit pour réduire l'être in-
docile à ses lois ; c'est-à-dire qu'ils enferment le monde

(1) Voir l'Appendice.

dans la concision de quelques formules et font la
pensée contemporaine de l'éternité. Ils défendent celui
qu'ils ont un moment rempli d'eux-mêmes contre
les erreurs de la perspective et contre l'éclat trop vif
du premier plan de la conscience. Ils donnent pour
toutes choses ce terme de comparaison : l'infini. Ils
sont enfin cette pensée de derrière la tête sans laquelle
on ne pense pas.

Puis la philosophie, mais une partie de la philosophie proscrite par Comte, la psychologie nous apprend
à découvrir dans notre raison la raison, et à retrouver
dans toutes les contrées et à tous les âges notre ressemblance. Elle nous initie à la recherche de l'universel
par la connaissance de ce qu'il y a d'universel dans
l'âme humaine, et recule en tous sens les limites de
notre sympathie. Et c'est le grand mérite de l'enseignement littéraire, de préparer, de suppléer dans une
éducation incomplète, ce n'est pas assez dire, d'être
lui-même une étude de l'éternel humain, d'être une
psychologie en mille actes divers. Certains pédagogues
nous donnent à choisir entre les choses et les mots. Par
les choses, ils entendent la science; par les mots, les
langues et les littératures. Mais placés en face de cette
alternative, nous avons le vague soupçon d'un escamo-
tage involontaire. Car des idées on n'a pas fait mention;
et ce sont elles, si l'éducation a un sens, qu'elle doit
transmettre, car elles sont la pensée accumulée, car
elles sont les conquêtes de l'homme sur la nature et sur
lui-même. Or les littératures ont enregistré ces conquêtes, et nous font riches en quelques heures de sentiments et d'idées qu'une vie n'eût pas suffi à nous donner.

Les littératures, surtout la littérature classique, étant une perpétuelle analyse de l'esprit, l'arrachent à son objet et le replient sur lui-même. Elles sont donc ce remède que l'on cherche aux préoccupations du moment et à la paralysie qui, chez l'homme d'un seul métier ou d'une seule science, menace de gagner toutes les facultés, sauf une. Elles sont le moyen mis à la portée de tous de vivre d'autres mœurs et d'autres événements, et d'entendre, dans une âme d'aujourd'hui, les échos d'un passé depuis longtemps silencieux. Cette multiplication de la vie dans une seule vie n'est-elle pas à elle seule toute une philosophie, si la philosophie a pour principale efficacité de remettre le présent à sa petite place dans l'infini du temps, et de nous apprendre à distinguer du nécessaire et de l'absolu le contingent et le relatif. L'étude des lettres en même temps nous rattache à ce passé qu'elle ressuscite. Elle nous enseigne par là le respect des traditions, et rétablit entre les générations cette unité et cette parenté que d'imprudents novateurs essaient en vain de dissoudre. Puisqu'on nous a parlé de sociologie, les lettres seront la meilleure école pour ces deux sentiments qui prêtent à cette science leur vérité et leur vie : le sentiment de cette solidarité qui triomphe de l'espace, et le sentiment de cette autre solidarité qui triomphe du temps. — Si donc l'on veut donner aux esprits le sens du général, les lettres le leur donneront. Si on veut leur donner un enseignement philosophique qui ne soit pas l'enseignement de la philosophie, les lettres seront celui-là.

A quelques-uns seulement, aux privilégiés de la science, la science apporterait le même bienfait. Mais

faut-il à cette élite sacrifier la foule et donner à tous
une éducation qui n'est pas faite pour tous ? — Il n'y
a pas en effet d'union plus mal assortie que celle que
publie de nos jours le positivisme, l'union de la science
et de la démocratie. On se demande, — on s'est demandé déjà, — quel secret attrait avait fait cette union.
Car il faut bien expliquer jusqu'aux erreurs de l'instinct.
Sans doute la science a travaillé, souvent sans s'en
douter, à secouer de vieux jougs dont on était las.
Sans doute encore elle regarde plus volontiers l'avenir
que le passé, et oublie par moments qu'elle aussi a
une histoire et des traditions. Toujours jeune, puisqu'elle ne parle jamais de son âge, elle plaît aux
puissances jeunes. Laissant croire à chaque génération
qu'elle est son œuvre et sa chose, elle plaît à ceux qui
ne veulent relever que d'eux-mêmes et supportent mal
le poids d'un passé auquel ils n'ont pas donné la per-
mission d'être. Ainsi les révolutions scientifiques, dont
on prend soin de méconnaître la lente genèse, deviennent pour tous les révolutionnaires des exemples et des
arguments. Puis, singulière illusion, la science semble
accessible à tous les esprits plutôt que les lettres, pour
lesquelles l'initiation individuelle ne suffit pas et suppose une initiation antérieure de la race. Le goût est
un fruit qui met parfois plusieurs générations à mûrir,
et la démocratie n'aime pas attendre. Ajouterons-nous
enfin que la science a des séductions à elle et parle,
en même temps qu'à l'intelligence des masses, à leurs
appétits. La démocratie est comme les enfants : instinctivement si désintéressés et si prodigues, leur second mouvement est utilitaire, et il leur faudra un

effort pour recouvrer par la réflexion les vertus de l'instinct. La démocratie qui hier seulement a pris conscience d'elle-même, en est à ce second mouvement.

Mais cet esprit utilitaire même lui fait méconnaître
des intérêts plus élevés. Elle est ingrate pour les plaisirs moins matériels que les lettres ont procurés aux
plus humbles. Elle ne se dit pas que devant la beauté
tous sont égaux, et que dans le frisson d'une foule
qu'un orateur ou un chanteur tient assemblée, il y a
une conscience obscure de l'âme commune qui vibre en
chacun, et donne à chacun, avec les mêmes aspirations,
les mêmes droits. Comme les religions elles-mêmes, les
lettres sont égalitaires, puisqu'elles confondent, ne se-
rait-ce qu'un instant, dans un même sentiment des esprits que tout le reste sépare. Disons encore que la démocratie est oublieuse des services rendus. A cette
éducation par les idées qu'elle proscrit elle doit de
s'être connue, et de s'être faite en se voulant. Ce ne
sont pas des savants qui ont proclamé qu'il n'y a point
de différence entre les hommes, qu'il ne doit donc pas
y avoir de différence entre leurs droits. Tout au contraire la science bat en brèche cette noble affirmation
où elle ne voit qu'une généralisation téméraire. Comme
elle est plus préoccupée des faits et du détail, elle
insiste sur les différences plutôt que sur les ressemblances. Or il se trouve que l'on est plus ou moins
homme ; et sur ces différences de degré la science res-
taure une hiérarchie nouvelle. Arrière l'utopie de
l'affranchissement universel. Il y a des races faites pour
être détruites ou conquises ; il y a des races faites pour
servir, on n'ose pas encore dire : des races nées esclaves.

Et bientôt, dans une même race, on distinguera de même la tête, les membres et l'estomac, comme certaine sociologie nous y invite. Le lot des membres, dira-t-on, est de peiner pour porter et nourrir le reste du corps. Tant pis pour ceux à qui ce lot est échu. Arrière toute égalité démocratique qui équivaudrait à une dissolution sociale. — Voilà ce que dit la science, et elle ajoute que si les vieilles aristocraties sont mortes, d'autres renaîtront, et que, pour le plus grand bien de l'humanité, ce seront des aristocraties de savants (1). De plus en plus difficile à acquérir, la science sera la propriété d'une caste plus ou moins fermée. Et, maîtresse de secrets formidables, cette caste fera trembler le monde menacé cette fois non plus des foudres anodines de Jupiter, mais des fureurs dociles de l'électricité asservie. L'échéance de cette servitude promise est lointaine peut-être. Peut-être même les idées prévaudront-elles contre les faits, et le règne de la charité et de l'égalité triomphera-t-il du règne de la force et de la concurrence. Mais c'est à la condition que quelque chose maintienne et fortifie en nous ces espérances que la réalité contredit, jusqu'à ce qu'elles soient devenues elles-mêmes la réalité. Quoi qu'il en soit, c'est un singulier épilogue de l'alliance de la démocratie et de la science que cette prophétie de l'asservissement de l'une par l'autre. Et, par une coïncidence non moins singulière, cet autre culte de la démocratie, le culte de l'humanité, aboutira, nous allons le voir, à des con-

(1) Nous ne faisons pas ici allusion seulement au *rêve* célèbre de M. Renan, mais à ceux de Strauss et d'Ueberweg.

séquences aussi désastreuses pour elle et pour la liberté.
Si bien qu'en quittant les voies communes et en répu-
diant l'idéal, comme un dernier symbole des domina-
tions mortes, la pensée contemporaine et positive
n'aurait trouvé que le contraire de ce qu'elle cherchait.

CHAPITRE IV

LE CULTE DE L'HUMANITÉ.

Le XVIIIe siècle supprimait les religions, comme des excroissances parasites qui rongent les civilisations où elles naissent. Mais, en considérant que ces civilisations sont toutes les civilisations, la critique contemporaine s'est avisée que la religion serait plutôt une fonction essentielle de la vie sociale, et elle s'est préoccupée de remplacer Dieu en même temps qu'elle le détrônait. L'humanité est un de ces substituts donnés à Dieu.

I

Faut-il voir dans cette persistance du sentiment religieux, alors que son véritable objet a été éliminé, un de ces phénomènes que la sociologie appelle des survivances? Ou n'y faut-il pas voir plutôt un hommage involontaire et un aveu? Toujours est-il que, grâce à cet usage pieusement hypocrite de mots et d'idées dont on a frelaté le sens, les négations s'insinuent plus doucement dans l'âme. Quant à faire du bonheur de tous le but assigné par la religion nouvelle à la pensée et aux efforts de chacun, si c'était emprunter et démarquer des vertus chrétiennes pour les transformer en vertus positives, c'était prendre l'homme à coup sûr par ses plus généreux sentiments, et la conscience publique retiendra de cette tentative un sentiment plus intense de la solidarité humaine. Quelques positivistes et, parmi eux, le plus grand, Littré, n'en ont pas moins refusé cette partie de la succession du maître : la religion de l'humanité ; et la moitié de l'œuvre de A. Comte a été longtemps mise hors du positivisme, du positivisme officiel et accrédité dans l'opinion. Nous n'avons pas à prendre parti entre Comte et Littré, et il y aurait quelque paradoxe à se faire, contre des gens auxquels l'infidélité a dû coûter, l'avocat d'un inventeur de religion. Ses fantaisies religieuses n'étaient pourtant que l'application malheureuse d'une idée juste, c'est qu'il y a des sentiments plus forts que tous les systèmes, et que pour déposséder l'esprit humain d'une croyance, il est habile de lui laisser croire qu'on lui en rend une. Comte n'est-il pas, en définitive, l'ancêtre et le prophète de ces religions athées ou agnostiques à l'éclosion desquelles l'histoire d'il y a vingt ans nous fit assister ! L'Angleterre a eu ses « sécularistes ». Le docteur Lœventhal a essayé de doter l'Allemagne de la religion des « cogitants » ; un autre docteur, Reich, demande pour cette religion la même pompe extérieure qui attirait à ses aînées les foules ébahies. En France même il nous souvient qu'un publiciste qui ne semblait pas particulièrement atteint de religiosité et de mysticité (1), a réclamé l'institution de baptêmes « laïques » et de cérémonies analogues pour d'autres circonstances de la vie qui en sont comme les moments religieux (2). Ce ne sont plus seule-

(1) M. Sarcey.
(2) Depuis la première édition de ce livre, des tentatives, on le sait, sont faites dans ce sens.

ment les dogmes, mais les pratiques qui ne disparaissent que pour renaître. Enfin M. Littré ne s'est pas défendu lui-même de toute émotion religieuse lorsqu'il se proclame membre de la « société éternelle », et qu'il s'abîme dans cette « grande existence » dont nos individualités sont les chétifs éléments. Toute la différence entre Comte et Littré est que la religion de M. Littré se passe de culte. — Mais, de quelque façon qu'on l'adore, il s'agit de savoir si l'humanité peut être adorée, ou si nous n'avons affaire dans les exemples cités qu'à l'association factice d'un sentiment qui nous tient au cœur et d'une idée qui serait impuissante à le faire naître.

Voici quelle définition de la religion nous donne l'auteur du *Catéchisme positiviste*, qui n'est autre que A. Comte vieilli : « La religion consiste à *régler* chaque nature individuelle, et à *rallier* toutes les individualités ; ce qui constitue seulement deux cas distincts d'un problème unique. Car tout homme diffère successivement de lui-même autant qu'il diffère simultanément des autres ; en sorte que la fixité et la communauté suivent des lois identiques (1). » Ce langage, quelque peu apocalyptique, cache une vérité et même deux. L'idée religieuse est en effet un principe d'unité morale pour les individus, et aussi pour les sociétés. Le sentiment d'un intérêt commun ne peut naître que dans l'état réfléchi de la conscience sociale. L'expérience de la lutte nous enseigne seule qu'il y faut des alliés, et l'intérêt n'associe les hommes qu'après les avoir divisés. Mais la religion

(1) *Introduction*, Premier entretien.

est vraiment, sans que nous voulions jouer sur les mots, ni abuser d'étymologies douteuses, ce qui relie. Et cette idée de Comte est vraie aussi que, mettant de l'unité entre les hommes, elle en met en chacun, fournissant à chacun l'idée maîtresse de sa vie, la fin à laquelle toutes les fins se subordonnent. Elle est l'âme de nos âmes.

Mais à la question qui se pose maintenant : le bonheur de l'humanité peut-il être pour l'enfant cette idée maîtresse ? nous répondrons : Non. Car on peut enseigner à l'enfant la sympathie pour le prochain, quelque vague que ce mot de prochain reste pour lui, en évoquant l'image de souffrances individuelles et concrètes. Mais ce n'est que tardivement que l'idée d'humanité naîtra en lui, et plus tardivement encore cet amour universel dont on veut faire la racine de toutes ses vertus. Amour de penseur que celui-là, mais non amour d'enfant. Et quel lien peu solide pour sa pensée vagabonde ou pour sa volonté fragile qu'un sentiment dont l'objet n'est pour lui qu'une abstraction ! Dira-t-on alors que la religion nouvelle n'est pas faite pour des enfants, et priera-t-on leurs instincts d'attendre que leur intelligence ait mûri ? Mais ce serait refuser à l'éducation cette idée ordonnatrice que le positivisme a surtout voulu lui apporter, ce serait tout remettre à l'empirisme et au caprice individuel. Ajoutons que refuser la religion à l'enfant, c'est la refuser à l'âge mûr ; car la religion s'insinue plutôt qu'elle ne s'enseigne. Il faut qu'elle s'accommode aux âges, tout en étant pour chacun d'eux la forme la plus élevée et la plus sereine de la pensée. Une religion qui laissera en dehors d'elle l'enfance, risquera d'y laisser tous ceux qui, ayant été enfants, auront pris l'habitude de vivre et de penser sans elle. Elle ne sera plus enfin ce lien mystique des âmes qu'on nous disait, puisque entre les pères et les fils elle ne servira qu'à mettre une différence de plus. L'idée de Dieu, au contraire, qu'on en accuse l'anthropomorphisme ou l'hérédité, a pour l'enfant des clartés inexpliquées. Et ce petit être, pour l'intelligence duquel nos abstractions scientifiques sont lettre morte, se familiarise d'instinct avec une foi que la conscience réfléchie s'étonne et se scandalise de trouver en elle-même. Un seul mot, qu'il a balbutié aussitôt après ceux de père et de mère, lui en apprend plus long sur l'énigme du monde que toutes les sciences n'en apprennent au positiviste. Et cette science des enfants est aussi la science du peuple, ouvrant à l'esprit le plus borné un horizon infini. La religion, en ce sens, est l'enseignement le plus démocratique. La science a, plus qu'elle, ses élus. La religion ne fait pas acception d'intelligence, et dit aux pauvres d'esprit son secret qui les éclaire du seul rayon qui brille jamais pour eux. L'idée de l'humanité ne saurait être ce rayon. Et puisque Comte a insisté tout le premier sur la nécessité d'une idée qui joue dans l'âme le rôle d'une lumière et d'un pouvoir central, n'aurait-il pas compromis la santé et l'équilibre de cette âme si, ne réussissant pas à remplacer en elle l'idée de Dieu, il eût réussi à l'en bannir ?

Nous avons docilement accepté la définition de la religion qui nous était proposée, combien incomplète cependant ! Nous n'essayerons pas de la compléter. Notre essai serait vain. Car le sentiment religieux est

infini comme son objet et divers comme ceux qui
l'éprouvent. Une définition ne peut l'étreindre. Nous
ne le concevons pas toutefois sans cet élément essentiel, non avenu pour Comte comme pour tout bon
positiviste, la conscience plus ou moins claire de notre
dépendance. Il naît, chez l'homme, comme le sentiment du sublime selon Kant, du trouble que lui causa
sa petitesse. Mais comme ce même sentiment, il ne
l'abaisse que pour le relever. La crainte dont parle le
poète latin, n'est en effet que la forme grossière du
sentiment religieux dans lequel toute âme bien née ne
tarde pas à trouver au contraire un refuge et une espérance.

Si nous paraissons oublier que c'est d'éducation que
nous traitons, jamais pourtant nous n'y avons pensé
davantage. Car il y a quelque chose de religieux aussi
dans les rapports qui unissent le fils à son père, et
comme une image de ceux qui unissent l'homme à
Dieu. Sans un acte de foi de l'enfant dans l'autorité
qui le protège, il n'y a pas d'éducation véritable. L'ex-
quise confiance des premières années est l'inconsciente
manifestation de cette foi ; le sentiment excellemment
appelé piété filiale en est l'achèvement. Le respect
dépasse donc, ici comme partout, celui auquel il
semble s'adresser, même quand c'est un père. Son
objet réel et invisible n'est pas encore, comme dans
l'immortelle analyse de Kant, l'universel devoir, mais
l'universelle bonté, mais le mystérieux et bienfaisant
agencement de toutes choses, au sein duquel l'enfance
s'épanouit. Sans qu'il s'en rende compte, l'enfant est
un croyant ; il croit à la providence en croyant à ses

parents. Mais ceux-ci recueilleraient moins de respect
s'ils n'étaient les premiers objets d'un culte qui ne
doit pas s'arrêter à eux. — Et nous devrions peut-être
ajouter que ce n'est pas seulement dans les sentiments
moraux de l'enfance que l'analyse pourrait retrouver
la part de Dieu, alors même que son nom est oublié.

On peut se demander au contraire ce que cette idée
collective d'humanité, fût-elle claire pour un jeune
esprit, lui inspirerait de respect pour elle-même et
pour tous les devoirs dont elle serait le centre et la
fin. L'humanité ne l'emporte sur un homme que comme
le tout sur la partie. Or c'est là une supériorité toute
mathématique, et qui ne suffit pas à en imposer à nos
instincts. Pas plus que le sentiment de justice ne tient
dans cette formule : $A = A$, comme le voudrait
M. Littré, celui de respect ne tient dans cette autre :
$A > a$. L'ordre de la grandeur n'est pas bon à fonder
d'autre religion que celle des chiffres et de l'intérêt. —
Puis si l'humanité est une collectivité, un tout, ce tout
n'est qu'une partie du grand tout, et cette vaste unité
n'est point la synthèse suprême de notre esprit. Elle
laisse en dehors d'elle toutes les autres espèces, passées,
présentes et à venir. Elle laisse en dehors d'elle le
monde. Or si la religion relie, elle ne doit pas relier
seulement les hommes aux hommes, mais encore à la
terre sur laquelle ils s'étonnent d'être, mais encore au
ciel étoilé qu'ils contemplent. D'un mot elle doit tout
rendre intelligible à l'homme : la nature et lui-même.
C'est ainsi que l'entendait M. Pasteur, un jour qu'il
philosophait : « Il faut un lien spirituel à l'humanité,
disait-il, en citant M. Littré, faute de quoi il n'y aurait

dans la société que des familles isolées, des hordes, et point de société véritable. » Mais il ajoutait : « Ce lien spirituel ne saurait être ailleurs que dans la notion supérieure de l'infini, *parce que ce lien spirituel doit être associé au mystère du monde* (1). »

Voici une dernière critique. que la théorie de l'évolution, fille du positivisme, nous suggère : Cette humanité dont vous faites votre Dieu, n'est qu'un anneau dans la chaîne des êtres ; elle est une étape dans le progrès de la vie, qui, lasse de la forme humaine, cherche déjà sans doute à réaliser un type nouveau. Le positiviste, devant les yeux de qui se déroule cette histoire sans fin, n'obéit-il pas à des préoccupations peu scientifiques, en arrêtant ses préférences sur le groupe de vivants dont il fait partie, sans prévoir l'avenir, s'il ne peut le hâter ? Qu'il s'incline devant la nature et son déterminisme, dont il sent sur lui le poids, qu'il éprouve en face de ces fins, qu'il ne peut sonder, un sentiment qu'il appellera religieux, je ne lui contesterai pas l'épithète. Mais pour cette humanité, divinité fragile et provisoire, je comprendrais sa pitié, je ne comprends pas son respect.

II

Laissons donc de côté cette ambition malheureuse de constituer avec l'idée d'humanité une religion nouvelle, puisqu'aussi bien à cette religion il manquerait de faire naître le sentiment religieux, et de le faire vivre, une fois né. Admettons, ce que A. Comte n'admettait pas,

(1) Discours de réception à l'Académie Française.

que ce sentiment soit négligeable, et posons-nous cette
autre question, à savoir si le bonheur de l'humanité
peut servir de but, non plus religieux, mais simplement
pratique et positif, de but suprême toutefois à l'activité
morale de chacun. — Rien n'est plus malaisé qu'une
pareille discussion. Qui sait de science certaine les éléments dont est faite notre moralité, et qui ne risque,
en essayant d'introduire un peu de logique dans l'étude
de la conduite, d'en mal comprendre et d'en fausser les
ressorts ? On voudrait rattacher nos actions à leurs
principes afin que de cette expérience ils sortent jugés.
Mais il faudrait pour cela que l'homme agît toujours
par principes, tandis qu'il agit plutôt par habitude et
par sentiment. Pour cette raison nous trouvons fort à
reprendre au portrait tragique que Feuillet a donné,
dans l'un de ses derniers romans, de la femme sans
foi. L'héroïne de *la Morte*, froidement et logiquement
criminelle, scandalise notre psychologie moins par son
excès d'infamie que parce qu'elle déduit trop cette
infamie. L'âme humaine n'est pas si simple que cela.
Elle est au moins double. Les idées n'en occupent que
la surface, et elles ne s'infiltrent dans les couches profondes que par le travail lent de plusieurs générations.
Or c'est avec ce tréfonds de l'âme que nous sentons et
que nous voulons ; et nous gardons longtemps parfois
des préjugés qui, loin de résulter de nos idées, les con-
tredisent. Disons qu'une certaine logique règne dans le
monde moral, mais que les conséquences n'y sont pas
toujours contemporaines des principes. Nous ne posons
aujourd'hui les prémisses que de la conduite de demain.
D'où il suit que les déductions chagrines d'un moraliste

prévoyant ne sont jamais immédiatement vérifiables, mais qu'on ne peut non plus lui opposer l'exemple d'une moralité persistante, c'est-à-dire de sentiments présents qui sont peut-être les sentiments de nos idées passées.

Cependant l'éducation consiste à prévoir, puisqu'elle consiste à préparer, et elle ne peut attendre avec une patience scientifique les résultats d'expériences dont des consciences sont l'enjeu. Elle a donc lieu de s'inquiéter de ne plus voir pour la moralité à venir que ce frêle appui : l'amour de l'humanité. D'autant plus que pour un positiviste c'est là une abstraction de sentiment, et comme un égoïsme diffus. L'idéaliste qui procède en tout par synthèse, procède de même dans l'ordre de la sensibilité. Son amour a les mêmes élans que sa pensée. Sans préparation et sans transition, il s'adresse à l'objet le plus vaste. L'idéaliste n'arrive pas à la conception de l'intérêt général en reculant par degrés les limites de ses affections; mais au contraire, comme le mystique aime ses frères en Dieu, les affections particulières ne sont pour lui que des fragments détachés d'un amour plus compréhensif. Peut-être son cœur semble-t-il suivre en fait d'autres voies; mais, dans ses plus humbles tendresses, son impuissance même à se satisfaire trahit des aspirations qu'il ne se connaît pas. Une dialectique secrète le force à s'élargir et à embrasser ce qu'embrasse la raison : l'universel. La sympathie, pour un positiviste conséquent avec lui-même, se mesure avec plus de parcimonie. Comme tout sensualisme, le positivisme attarde l'homme autour de lui-même et l'emprisonne dans le cercle des intérêts qui sont siens ou presque siens. Car ceux-là seuls sont sensibles pour lui, et vraiment positifs. Le positiviste a peur des témérités et des hypothèses pour son cœur comme pour sa raison. Il n'aime qu'à coup sûr. Et l'idée d'humanité est le terme de tant de généralisations que son amour n'arrivera à elle qu'épuisé et défiant. Pour soutenir cet amour et empêcher qu'il ne se perde en s'étendant, il faut qu'un sentiment, qu'un devoir religieux s'y mêle. Bien loin qu'il puisse fonder une religion, il faut qu'une religion antérieure à lui le fonde et lui prête vie. Privé de ce secours, l'amour de l'humanité ne serait plus qu'une formule, nous ajouterons tout à l'heure qu'un prétexte. Lange, à qui nous sommes redevables de l'idée que nous venons de développer, remarque qu'une loi de simultanéité rattache aux conceptions matérialistes de l'univers le matérialisme moral. Le positivisme, qui est en définitive une de ces conceptions, se contredit donc en essayant de faire sortir de lui une règle morale qui ne soit pas l'égoïsme.

Mais une loi du même genre semble appeler à la suite des théories utilitaires ce phénonomène conséquent, le pessimisme. Cela est vrai, que l'on entende par théories utilitaires la doctrine de l'intérêt particulier ou celle de l'intérêt général. De même que l'homme, l'humanité ne trouve son bonheur qu'en ne le cherchant pas. L'idée du bien public elle-même, si elle n'est pas subordonnée à un principe plus haut, n'est souvent féconde que pour le mal. Si l'histoire pouvait, dans l'inextricable tissu des conséquences, démêler l'œuvre de chaque cause, il se trouverait sans doute que les plus grandes choses n'ont pas été accomplies par le mobile de l'intérêt, ni même les plus utiles. Une passion où l'intérêt n'entrait même point sous cette forme désintéressée, la recherche du bien d'autrui ou du bien de tous, est à l'origine de toutes les découvertes et de toutes les transformations sociales. Le besoin de justice et le respect du droit ont supprimé plus de maux que n'eût jamais fait le souci du bien-être pour le bien-être. N'en déplaise à l'économie politique, ce qui en fin de compte est le plus productif est ce qui paraît d'abord improductif. Même s'il fallait juger les théories de la conduite par leurs résultats, l'idéalisme pourrait défier toute comparaison « Périsse le monde pourvu que justice se fasse », disent ceux qui croient en elle. Mais dans le règne de la justice le monde a jusqu'ici trouvé un principe de vie plutôt que de mort. Et nous imaginons que, sommée à son tour d'établir son bilan, l'idée d'intérêt, même général, aurait moins de bienfaits à marquer à son actif. Si cette analyse rétrospective des vraies causes pouvait être faite, et par elle les responsabilités sûrement réparties, l'histoire serait alors ce qu'on dit qu'elle est : la meilleure leçon de politique et de morale. Et elle nous apprendrait, croyons-nous, que la recherche du bonheur aboutit à son contraire, et que, convertie tout entière au positivisme moral, l'humanité ne trouverait dans la démonstration voulue de son impuissance qu'un accroissement mérité à ses maux.

Elle nous apprendrait encore que, si du respect du droit naît par surcroît un intérêt plus ou moins prochain, la réciproque n'est pas vraie, et que du culte de l'intérêt n'est jamais sortie que la violation du droit. L'argument est banal, et plût au ciel qu'il le fût davantage ! Chacun tenant à son droit, il faudrait que chacun sût que tous les droits sont ébranlés quand un seul est violé et fût préparé à se défendre contre cette forme promise et perfectionnée de la raison d'État, la raison d'humanité. Mais en attendant que la raison d'humanité soit à craindre, la raison d'État l'est encore. Il nous semblait pourtant que ses méfaits n'étaient point contestés, et que, sur ce point du moins, les leçons de l'histoire avaient été entendues. Nous nous étions trompés. La raison d'État revit. Chère aux tyrannies, elle ne déplaît point à la démocratie, et la conscience publique se scandalise modérément d'un droit violé, si on lui assure que l'intérêt de tous exigeait ce sacrifice. Bientôt ce sacrifice n'en sera plus un, et le mot de justice aura changé de sens. L'intérêt général s'annonce dès aujourd'hui comme le principe d'une nouvelle déclaration qui ne pourra plus s'appeler la « déclaration des droits ». Sous cette forme du moins, la religion de Comte est arrivée jusqu'à nous.

Si encore ce bonheur général pouvait être réalisé, si même il était sincèrement poursuivi, les droits immolés le seraient à une noble cause. Mais il est dans la nature de l'intérêt de tout dessécher et de tout rétrécir. Au culte de l'humanité s'est déjà substitué, chez les esprits que le positivisme a nourris, le culte de l'État. Mais l'intérêt qui souffre de s'être élargi, va se rétrécir encore. Parti du moi, il tend toujours à revenir à son point de départ. De particulier il est devenu général; mais l'intérêt général à son tour va se transformer en intérêt particulier, comme pour mieux démontrer quelle est sa tache originelle. En d'autres termes, il se trou-

vera des hommes qui se prétendront, se croiront peut-
être les interprètes autorisés des intérêts de tous. Ils en
feront leur affaire; et à moins d'une rare vertu, ils
confondront cet affaire-là avec d'autres qui les touchent
de plus près. Tel est le danger de toute doctrine qui
n'impose pas aux représentants de la collectivité une
limite et une règle dans le droit individuel. C'est que
les droits et les intérêts de chacun restent, malgré les
séductions des hypothèses sociologiques, chose plus
claire pour l'esprit que les droits et les intérêts de
l'humanité. Et il est à craindre qu'aux dépens de tous
quelques-uns ne se chargent de figurer ce qu'il y a de
vraiment réel dans cette entité qui a survécu à toutes
les autres : la société. « Ce réalisme social, dit admirablement M. de Rémusat, prend plusieurs formes... Il
dira bien : les individus sont la société; la société c'est
l'État. Il finira par dire : l'État c'est moi. Je ne connais
pas de doctrine politique qui, dans son principe, faisant abstraction de l'individu, n'aboutisse à la tyrannie (1). » A tout prendre, la tyrannie est en effet un
procédé de centralisation et de synthèse sociale. Et
voyez pour les élèves de Comte et de Spencer (2) combien la tentation est grande. La société est un grand
vivant auquel il faut un cerveau. Laissera-t-on vacant,
au détriment du corps entier, l'emploi du cerveau
social? Penser et vouloir et jouir pour les autres, qui
travailleront pour nous, est donc tout uniment une sage
entente de la répartition des fonctions, et une forme

(1) *Politique libérale*, p. 382.
(2) Quoique Spencer soit personnellement resté, on le sait,
un fervent individualiste.

scientifique de la charité. Rien ne prête mieux aux
directions d'intention que cet idéal où chacun met ce
qu'il veut : le bien de l'humanité. Et quelle prime
offerte aux consciences à demi scrupuleuses que cette
facilité à tout concilier, et à trouver pour toutes les
actions des raisons et des noms à effet! L'intérêt général
justifie tout, purifie tout. Il n'est pas pour la conduite
de principe à la fois plus accommodant et plus déco-
ratif.

Voilà donc la grande duperie de cette religion de
l'humanité. Elle ne sert qu'à ceux qui l'exploitent, sans
qu'il faille en accuser leur mauvaise foi autant qu'une
sorte de fatalité morale, dont ils recueillent, sans
l'avoir cherché peut-être, le bénéfice. Sous ce régime moral en effet, les hommes qui sont grands, étant tout ce
que les autres hommes reconnaissent au-dessus d'eux,
paraissent plus grands encore, et deviennent les vrais
objets du culte nouveau. Autrefois dans une même hu-
milité étaient rapprochés et confondus les forts et les
faibles; les génies et les pauvres d'esprit. La distance
qui séparait l'homme de Dieu diminuait, par la comparaison, celle qui sépare l'homme de l'homme. Et
voilà pourquoi encore l'enseignement religieux est si
profondément démocratique. L'égalité devant Dieu est
le rachat de toutes les inégalités. Cette inégalité dispa-
raissant, les inégalités demeurent et croissent. L'homme
n'aura bientôt plus que l'homme à adorer, et il l'ado-
rera, et son impatience de toute dépendance l'aura
conduit, entre toutes, à la plus mortifiante. Pourquoi
même parler au futur? Jamais on n'a fait tant de dieux
que depuis qu'on croit moins en Dieu. On dirait que

nous voulons repeupler le ciel par nos apothéoses, et il faudra bientôt louer la modération de ceux qui, se contentant pour leurs idoles d'honneurs posthumes, refusent l'encens aux vivants. Car l'homme ne suffit pas à sa propre dignité. La foi est le ressort qui le soutient et le redresse ; s'il la perd, il s'affaisse. Il semble que ce soit une loi de psychologie sociale que l'esprit humain paye par de cruelles humiliations ses excès d'orgueil, et qu'en rejetant toute croyance, il s'expose aux retours offensants et aux revanches de la superstition. Mais la superstition qui nous menace serait de toutes la plus dégradante, si le sentiment religieux, ne se contentant pas de cette abstraction qu'on lui a donnée en pâture, l'humanité, s'obstinait cependant à ne pas mourir, et si l'idolâtrie de la collectivité devenait l'idolâtrie de quelques individus, l'exaltation du talent, de la force ou de la fortune, et l'agenouillement de l'homme devant l'homme.

Les positivistes ont bien défini, disions-nous en commençant, le mal dont souffre l'éducation contemporaine, l'incertitude. Disons maintenant que le remède qu'ils proposent est pire que ce mal même. Il consiste à faire la part du doute et, pour mettre l'âme d'accord avec elle-même, à la mutiler. Mais elle se prête mal à cette opération, et les positivistes sont fort embarrassés de sentiments qui persistent en elle et qui n'ont plus d'objet. C'est qu'une négation n'est jamais une solution. Le progrès consiste à acquérir et non à perdre, et l'humanité n'oubliera Dieu que quand on aura découvert pour elle un être plus grand que celui dont une des définitions est qu'on n'en peut concevoir de plus grand.

DEUXIÈME PARTIE

EN ANGLETERRE

CHAPITRE PREMIER

HERBERT SPENCER (1).

Locke, dans ses *Pensées sur l'éducation*, fait une part plus grande au développement spontané de l'esprit qu'aux acquisitions lentes de l'expérience, et l'on a pu écrire qu'il n'avait composé un traité pratique de péda-gogie que pour contredire ses théories sensualistes. Une heureuse contradiction du même genre nous est offerte par M. Herbert Spencer. Le philosophe qui a passé sa vie à mettre en lumière la toute-puissance de l'évolution et de l'hérédité aurait dû, semble-t-il, con-sidérer l'éducation individuelle comme un facteur sans importance dans la constitution d'une intelligence, d'un caractère et d'un tempérament. Ses disciples, du moins, l'ont fait. C'est qu'il est plus difficile qu'on ne croit de résister à son propre système et de reconnaître une vé-rité, même banale, à côté de sa vérité à soi. Cependant un des ouvrages de M. Spencer, et l'un des plus répan-

---

(1) La longueur de notre étude sur Spencer n'est pas pro-portionnée à l'importance de son livre. Mais beaucoup de ses idées ont déjà, chemin faisant, été discutées par nous.

dus, surtout en France, est un traité de l'éducation (1).

Quatre articles publiés dans différentes revues, mais destinés dès l'abord à être soudés ensemble, forment aujourd'hui les quatre chapitres de ce traité. Le premier est une dissertation sur « le savoir le plus utile ». Les trois autres, suivant une division devenue presque classique, traitent successivement de l'éducation intellectuelle, morale et physique.

Mais nous voulons moins suivre pas à pas ces études, excellentes le plus souvent dans le détail, qu'en dégager l'esprit. Car le danger, en lisant ce livre, est d'être séduit par les vérités qu'il dit, au point de ne pas voir les vérités qu'il ne dit pas et les postulats qu'il implique.

I

Quel est le but de M. Herbert Spencer, et quel est l'homme qu'il veut former ? De la fin, en effet, dépendront en grande partie les moyens.

On ne peut certes reprocher au philosophe anglais de dissimuler sa pensée ; car il a pris soin d'établir une hiérarchie des principaux genres d'activité, d'après un ordre décroissant de nécessité. Au premier rang il met « l'activité qui concourt directement à la conservation de l'individu » ; au second, « celle qui, en pourvoyant aux besoins de l'existence, contribue indirectement à sa conservation » ; au troisième, « l'activité employée à élever et à discipliner la jeune famille » ; au quatrième, « celle qui assure le maintien de l'ordre social et des relations politiques » ; au cinquième, « l'activité

(1) *De l'Éducation intellectuelle, morale et physique.*

de genre varié employée à remplir les loisirs de l'existence, c'est-à-dire à satisfaire les goûts et les sentiments ». Et l'éducation, selon M. Spencer, doit suivre
fidèlement ce plan ; elle doit élever l'homme pour le
nécessaire avant de l'élever pour le superflu.

Rien de plus juste en apparence, et pourtant il nous
semble qu'il y a là déjà une vérité oubliée : à savoir,
que ce nécessaire dont on nous parle est tellement
nécessaire que la nature y a pourvu. L'éducation doit
sans doute seconder cette nature qui ne parle que rare-
ment pour l'homme le langage précis et infaillible de
l'instinct ; mais son œuvre propre, à elle, est en dehors
et au-dessus. La nature fait des animaux humains ;
c'est à l'éducation de faire des hommes.

Aussi, sans craindre l'apparence d'un paradoxe,
prendrions-nous volontiers à rebours le plan de
M. Spencer. On a trop longtemps, il est vrai, sacrifié
le corps à l'esprit et méprisé, au péril de la santé et de
la vie, au péril même des intérêts bien entendus de
l'esprit, ses plus légitimes exigences. Est-ce à dire que
l'éducation de l'homme doive être maintenant un éle-
vage, suivant l'expression quelque peu brutale de notre
auteur ? Est-ce à dire même qu'il faille tout subor-
donner au principe : *Primum vivere ?* — Dût notre
réponse effaroucher les plus louables scrupules, elle ne
saurait nous être reprochée par les partisans de l'évolution, car leur théorie même nous la suggère. Il est
fatal que le progrès humain ne s'accomplisse pas sans
faire des victimes ; il est fatal qu'à la vie de l'esprit il
y ait beaucoup d'appelés et peu d'élus, et que dans
cette lutte pour l'intelligence les corps s'usent et les

forces s'épuisent. L'Angleterre aurait-elle payé par quelques centaines de vies que le travail de la pensée a trop vite brûlées ses Newton et ses Spencer, tout ne serait pas cruel dans cette fatalité ; car ces grands hommes, par leurs découvertes ou par les conséquences de leurs découvertes, rendent plus douces les conditions de la lutte pour leurs successeurs ; et ceux de leurs ancêtres et de leurs contemporains qui sont restés en route, martyrs de la sélection, ont leur petite part dans cette gloire et dans ce bienfait. Mais, nous osons le dire, cette compensation n'existât-elle point, il faudrait encore entreprendre ce travail qui nous tue ou nous fait plus hommes. et ne pas renoncer, pour la vie, à ce qui fait qu'elle vaut la peine de vivre. — Dans la pratique, d'ailleurs, l'alternative est le plus souvent moins tragique que nous ne la faisons. Il y a des accommodements avec le travail. On concilie tant bien que mal les nécessités physiques et l'ambition intellectuelle. Aucun père n'ira de sang-froid offrir ses enfants, comme victimes désignées, aux dieux du jour, le Progrès et la Science. Mais nous n'avons exagéré notre thèse que pour répondre à l'exagération opposée et revendiquer les droits de l'esprit, qui dans l'homme, après tout, n'est pas seulement du superflu. Quand il serait prouvé que les races conquérantes sont vraiment les races les mieux nourries (1), l'éducation alimentaire ne serait pas la véritable éducation.

C'est dans le même esprit utilitaire que M. Spencer fait des sciences l'objet presque exclusif des études de l'adolescent, sous ce prétexte que dans la vie c'est avec

(1) Traduction française (Germer-Baillière), p. 252.

la géométrie qu'on construit des ponts et des chemins
de fer, et que dans tout métier, en définitive, même
dans la poésie, il faut savoir. — Le malheur est que ce
mot de science est l'étiquette commune de marchan-
dises fort diverses. On nous accordera bien cependant
qu'il ne faut pas savoir la même chose pour être poète
ou pour être ingénieur, et qu'on ne saurait songer à
imposer aux élèves les sciences de tous les métiers.
L'enseignement n'est donc jamais tout à fait spécial,
ou bien il n'est plus qu'un apprentissage. Or on a cru
longtemps que ces deux choses doivent être distinctes,
et qu'avant de faire des ingénieurs il faut faire des
hommes. Aussi appelait-on certaines études « les humanités », et, comme elles n'avaient la prétention de servir directement à rien, on les appelait encore « les
études libérales ». On leur fait un reproche aujourd'hui
de ce qui était leur honneur; selon M. Spencer, ce qui
ne doit remplir que les heures de loisir dans la vie
ne doit remplir que les heures de loisir dans l'éducation (1). — Ici encore, l'affirmation exactement contraire nous paraîtrait plus vraie. On apprendra tôt ou
tard ce qu'on ne peut se passer de savoir; on n'apprendra jamais, sauf de rares exceptions, ni les belles lettres,
ni les arts, ni les sciences même, si ce n'est dans ces
années de désintéressement et d'insouciance qui sont
les années de l'éducation. Ce serait sans doute une
folie et un crime d'élever les enfants pour un monde
sans ressemblance aucune avec le monde réel ; mais on
peut sans danger les élever pour un monde meilleur.
Pourvu qu'on sache éviter les inconvénients d'une

(1) P. 63.

transition brusque, ils reviendront assez vite de leurs
illusions pieusement entretenues. Ils connaîtront à
temps l'utile, de même que le ma.. et le laid, et rien
n'est déplaisant comme un enfant trop tôt utilitaire.

Il faut donc profiter de leur inexpérience pour les
porter et les maintenir, si possible, au-dessus de ce
que l'expérience ferait d'eux. Le mot *élever* ne peut
d'ailleurs ; avoir un autre sens. Ainsi le superflu de la
vie, c'est-à-dire les lettres, l'art, la science théorique
et désintéressée, et aussi ce superflu obligatoire, la morale, en un mot l'exercice de toutes nos facultés supé-
rieures, voilà le nécessaire de l'éducation — Un pareil
programme, nous objectera-t-on, n'est pas fait pour
tous. Un programme qui apprend à construire des
ponts et des chemins de fer l'est-il davantage ? L'important est de convenir de la route à suivre ; puis chacun va jusqu'où il lui est donné d'aller.

Au contraire, à peine est-il besoin de dire que, le
but différant, les moyens différeront. L'idéal de M. Spencer étant l'homme sans idéal, l'homme naturel, sa
méthode peut se résumer dans ce précepte souvent
mêlé aux discussions morales de l'antiquité : suivre la
nature. Mais on sait que les anciens s'entendaient mal
sur le sens de ce précepte si simple en apparence, et je
doute que les modernes s'entendent mieux. Chacun
voudra loger son système à l'enseigne de la nature et
prétendra que sa psychologie est la bonne. « Il faut conduire, nous dit-on, l'esprit de l'enfant par les chemins
qu'a suivis l'esprit de l'humanité. » L'éducation doit
être une évolution en miniature. — Quelques-uns ob-
jecteront que l'éducation doit profiter de la besogne des

siècles passés sans la refaire, c'est-à-dire épargner à l'élève les lenteurs et les tâtonnements du progrès humain, sous peine de ne s'achever jamais. De plus, il semble dangereux, bien que l'esprit de l'humanité ait pu aller de l'indéfini au défini, de commencer, dans l'acquisition des connaissances, par une notion grossière des choses pour arriver peu à peu à une notion scientifique, c'est-à-dire d'apprendre mal, pour le plaisir ensuite d'apprendre bien. On en resterait le plus souvent, craignons-nous, à sa première manière ; car il est plus difficile d'en changer que de prendre d'abord la bonne, et les professeurs préfèrent d'ordinaire celui qui ne sait pas du tout à celui qui sait mal. — Nous pouvons toutefois admettre le principe proposé par M. H. Spencer et, avant lui, par A. Comte, sans rien engager pour la pratique; car quels sont ces chemins, suivis par l'humanité ?

Sans doute l'opinion de M. Spencer est faite sur ce point, et depuis longtemps. Les lois de l'évolution ont été déterminées; pour les résumer en deux mots, n'est-ce pas chose entendue que l'esprit va de l'empirique au rationnel, du concret à l'abstrait ? Cette formule est devenue classique non seulement en Angleterre, mais en France. Elle n'est point devenue vraie pour cela. Du moins quelques philosophes obstinés croient encore que la raison ne vient pas de l'expérience et que l'esprit naissant n'est que raison. Dès lors il s'agit, non plus d'assister au laborieux enfantement de principes qui se dégagent lentement de sensations accumulées, mais d'exercer un organisme tout fait et avec la nature duquel il faut compter. Les mêmes philosophes croient

que l'abstraction, malgré ce qu'aurait de piquant l'a-
nalogie entre les lois de la pensée et les lois de la nature, ne s'opère point par sélection, mais que l'esprit
humain s'élève d'un bond et par sa vitesse propre aux
conceptions les plus abstraites et les plus générales,
étant abstracteur et généralisateur par essence. Dès
lors tout le plan des études est renversé. Au lieu d'une
ascension timide des sciences concrètes vers les sciences
abstraites, c'est avec celle-ci que l'esprit fera ses premiers essais. On attendra plus de maturité pour le
mettre en face d'une complexité plus grande, et, moins
par ambition que par nécessité, on fera vivre la jeune
intelligence dans un monde d'idées plus abstraites,
c'est-à-dire plus simples et plus siennes.

Et ici l'évolution du savoir humain ne nous fournit-
elle pas elle-même un argument contre M. Spencer ?
N'a-t-on pas inventé les mathématiques bien des siècles
avant que la physique fût une science, et la physique
à son tour n'a-t-elle pas devancé la physiologie ? —
Mais les mathématiques seules doivent être étudiées
différemment suivant les différentes psychologies.
M. Spencer veut les montrer, pour ainsi dire, et faire
entrer les idées dans l'esprit à l'aide d'objets. Il n'est
pas jusqu'à la table de multiplication qu'il ne rêve
d'enseigner d'une façon expérimentale. — D'autres prétendront que c'est là une méthode non seulement inutile, mais dangereuse ; que, en mêlant l'expérience aux
définitions et aux déductions mathématiques, on em-
barrasse l'esprit sans le secourir, et qu'on fausse ainsi
la notion du simple, de l'abstrait et du nécessaire.

Pour régler tous ces conflits psychologiques, M. Spencer propose un critérium : le plaisir de l'enfant. Quand on emploie la bonne méthode, il y a, dit M. Spencer, excitation agréable, de telle sorte que l'enfant devient le maître de ses maîtres, et que c'est de lui qu'on doit apprendre comment on doit l'élever. On le voit, il est difficile de croire plus aveuglément aux prévisions et aux suggestions de la nature, en langage métaphysique aux causes finales. Nous reviendrons dans quelques instants sur ce culte exagéré des caprices enfantins et sur ce *postulat* plus métaphysique qu'il n'en voudrait avoir l'air. Nous nous bornons pour le moment à cette simple objection : Quand apprendrez-vous à lire à l'enfant, si vous attendez son bon plaisir? Peut-être viendra-t-il un âge où il saura par ouï-dire les avantages de la lecture; il demandera un précepteur, mais comme on demande un médecin, souvent trop tard. Je sais bien aussi qu'on a poussé fort loin l'art d'enseigner en amusant, même l'alphabet. Locke avait imaginé un dé à vingt-quatre ou vingt-cinq facettes ; sur chaque facette une lettre était gravée. Il proposait encore deux boules de bois ou d'ivoire, l'une à dix-huit facettes pour les consonnes, l'autre à cinq facettes pour les voyelles. Le dix-huitième siècle mit à la mode une manière de table d'imprimeur qu'on appelait même le « bureau typographique ». Ces procédés sont excellents pourvu qu'ils restent au rang de procédés auxiliaires. Mais on ne doit pas se dissimuler que l'enfant se lassera vite de ces jeux obligatoires, et préférera à ce qui est instructif et amusant ce qui est simplement amusant. De plus n'est-ce point commettre une inconséquence et faire acte de méfiance envers la nature que d'inventer des stimulants agréables à côté des siens et de ruser ainsi avec elle. Ce n'est plus là attendre et respecter les arrêts de l'instinct, c'est les surprendre et les fausser. —

Enfin, fût-il vraiment possible que l'éducation se fît en se jouant, elle préparerait mal à la vie, qui, elle, n'est pas un jeu. Combien plus fortifiants, même au point de vue utilitaire, sont ici les conseils de Kant! « C'est une chose funeste d'habituer l'enfant à tout regarder comme un jeu... Il est d'une haute importance d'apprendre à travailler aux enfants. L'homme est le seul animal qui soit dans la nécessité de le faire (1). » On ménage donc une désagréable surprise à ceux qui n'auront appris qu'à jouer. Ceux qui sauront travailler, au contraire, seront armés contre la mauvaise fortune, et aussi contre l'ennui. Peu importent d'ailleurs le genre et la matière du travail. Savoir travailler, ce n'est pas savoir tel ou tel métier, c'est savoir son métier d'homme. — Ajoutons que le travail est une des formes de la moralité et qu'il en est l'apprentissage. Ne pas initier l'enfant au travail, c'est négliger le meilleur moyen de l'initier à l'idée de règle et de discipline, de sorte qu'il y a une façon morale et une façon immorale d'entendre même l'éducation intellectuelle.

II

Nous sommes ainsi conduits aux vues de M. Spencer sur l'éducation morale proprement dite. Elles peuvent justement se résumer dans ces conseils négatifs: point de règle, point de discipline. Ici encore, il n'y a qu'une

(1) *De la Pédagogique*, XXXV.

méthode : la nature. « Quand un enfant se laisse tomber ou se heurte la tête contre la table, il ressent une douleur dont le souvenir tend à le rendre plus attentif ; et par la répétition de ces expériences il arrive à savoir guider ses mouvements. S'il touche à la barre de fer rouge de la cheminée, s'il passe la main sur la flamme d'une bougie ou répand de l'eau bouillante sur une partie quelconque de son corps, la brûlure qu'il reçoit est une leçon qui ne sera pas aisément oubliée. L'impression produite par un ou deux événements de ce genre est si forte qu'aucune persuasion ne pourra, dans la suite, l'amener à mépriser ainsi les lois de sa constitution. Or, dans des cas comme ceux-là, la nature nous montre de la manière la plus simple quelles sont la vraie théorie et la vraie pratique de l'éducation morale. » Cette vraie théorie et cette vraie pratique, M. Spencer leur donne plus loin un nom : c'est la méthode des réactions naturelles. Un enfant perd son canif : au lieu de le souffleter, sauf à lui en racheter un aussitôt, laissez-le éprouver la privation qui est la conséquence légitime de sa négligence. Une petite fille n'est jamais prête pour se promener avec ses parents ; au lieu de la gronder, sauf à l'attendre, partez sans elle aujourd'hui, elle sera prête à l'heure dite demain. — On ne saurait refuser à ces conseils un grand sens et une grande utilité pratiques. C'est souvent le fait d'une sensibilité maladroite d'épargner à l'enfant une souffrance méritée. C'est souvent aussi par quelque intérêt égoïste ou par un amour intempestif de l'autorité qu'on substitue à un châtiment naturel, et dont la justice éclate avec la nécessité un châtiment artifi-

ciel qui, incompris de l'enfant, lui paraît injuste et
risque de l'aigrir sans le corriger. Mais qui ne voit que
cette méthode n'est applicable que dans un nombre de
cas fort restreint ? Quelle est la mère de famille qui
laissera son enfant toucher à une barre de fer rouge
ou répandre sur lui de l'eau bouillante ? Ce serait là
trop de courage, en vérité. Puis l'éducation n'a-t-elle
pas justement pour but de prévenir certaines réactions
naturelles et de faire bénéficier l'enfant de l'expérience
de ses parents ? Enfin M. Spencer reconnaît lui-même
que les fautes les plus véritablement fautes, le vol et
le mensonge, n'ont pas de sanction immédiate, qu'il
faut par conséquent leur en inventer une, et il recourt
toujours, en définitive, à l'irritation des parents mani-
festée d'une façon plus ou moins brutale et intelli-
gente. -- Car cette sanction-là est aussi naturelle à sa
façon, et, comme telle, elle trouve grâce près de
M. Spencer.

Mais, lors même que nous paraissons d'accord avec
ce philosophe, il subsiste entre nous un dissentiment
secret. Par sa méthode des réactions naturelles — ou
paternelles, — il veut apprendre à l'enfant qu'il est
de son *intérêt* de faire ou de ne pas faire telle ou
telle chose. Du *devoir* M. Spencer ne prononce même
pas le nom ; et on sait que ce n'est pas là un oubli. Il
formera donc peut-être un homme habile et prudent,
capable de faire son chemin dans le monde ; mais
est-ce là le tout de l'éducation ? — Oui, pour M. Spencer.
— Non, pour ce qui est heureusement encore, et
malgré les progrès de l'esprit positif, la majorité de
l'humanité. Dès lors, à côté et au-dessus de cette

éducation pratique qui n'est, selon Kant, que le dressage de l'homme, une place doit être faite à la véritable éducation morale. Les mêmes conseils prennent un autre sens, transformés et moralisés par la notion de l'obligation. Puis toute une culture devient nécessaire pour assouplir et affiner les consciences. De là le rôle de l'autorité paternelle, que M. Spencer a le tort de supprimer, ou peut s'en faut ; car selon Fichte (1), « le même rapport qui unit l'homme tout formé à la loi morale et à son auteur, Dieu, unit l'enfant à ses parents ». M. Spencer s'indigne des interventions inutiles des parents et d'un ton de commandement qui appelle la révolte : « comment osez-vous me désobéir ? — Je vous dis que vous le ferez, Monsieur ! — Je vous apprendrai qui est le maître ! » Loin de nous la pensée d'excuser ces abus. Il nous semble toutefois que la moralité des parents est plutôt en danger ici que la moralité de l'enfant ; car il est important que celui-ci s'habitue à l'idée d'une autorité supérieure à ses plaisirs, à son intérêt même. Nous n'oserions dire que le ton et la nature de l'ordre sont indifférents ; cependant la soumission respectueuse de l'enfant importe infiniment plus à nos yeux. L'obéissance est sa moralité à lui, moralité instinctive et inconsciente, la seule dont sa liberté inexpérimentée soit capable. C'est peu à peu seulement, et quand il aura appris à s'obliger lui-même, que l'on pourra se passer de cette obligation factice et venant du dehors. Une transition sera naturellement fournie par les parents éclairés dont les ordres, toujours conformes à ceux de la raison, per-

(1) *Système de morale*, partie III, ch. III, § 29.

mettront à l'enfant, en même temps qu'il obéit à une
volonté étrangère, d'obéir déjà à la loi du dedans. Mais
d'où qu'elle vienne, il faut à tout âge une loi. Non que
cette loi doive de parti pris contrarier la nature, non
même qu'elle doive régler toute la conduite. — Et
cependant le maître de tous en morale, Kant, pousse le
culte de la règle jusqu'à la ponctualité en toutes choses
et à la minutie. « Il faut assigner aux enfants, dit-il,
un temps pour dormir, un autre pour travailler, un
troisième pour s'amuser ; mais il ne faut ni l'étendre,
ni l'abréger. Dans toutes les choses indifférentes, on
peut laisser le choix aux enfants ; seulement ils doivent toujours agir, par après, en conséquence de la loi
qu'ils se seront une fois faite (1). » C'est à ce prix,
selon lui, qu'on peut former ce qui s'appelle un cara-
tère. Une loi qui ne change pas peut seule former un
homme qui sache ne point changer. Le plaisir, pris
comme maître, ne fera que des capricieux, capricieux
lui-même. — Nous voilà bien loin du laisser-aller prê-
ché par M. Spencer. Ces mots prononcés d'obligation,
de règle, de discipline, le feraient sourire. Il renverrait
Kant au règne disparu de la théologie et de l'ascétisme
et l'appellerait volontiers, comme le faisait récemment
un de nos maîtres, le dernier des Pères de l'Église.

Quel est pourtant le sens de l'éducation, et surtout
de l'éducation morale, s'il n'y a rien à changer, ni à
ajouter à l'homme tel que le fait la nature, s'il n'y a
même pas à faire un choix dans ses tendances, toutes
étant également respectables et sacrées? C'est là notre
objection suprême et qui, plusieurs fois déjà, est venue

(1) Kant, *Pédagogique*, XXXVII.

au bout de notre plume. Si la nature fait si bien les
choses, à quoi bon une théorie? Puisque chaque instinct vient à son heure, n'est-il pas pour les parents un
instinct d'éducateurs dont notre ignorance seule nous
empêche de saisir, sous d'apparentes contradictions,
les fins mystérieuses? M. H. Spencer nous semble donc
imprudent et sacrilège quand il raille l'incapacité naturelle de tous en matière d'éducation. Il emprunte à
Richter sur ce sujet une page si pleine d'humour que
nous la citerons, au risque d'allonger notre discussion.
« Si les variations secrètes d'un grand nombre de pères
« appartenant à la moyenne des esprits étaient mises au
« jour, elles composeraient un ensemble dans le genre
« de celui-ci. A la première heure : « La morale pure
« doit être enseignée à l'enfant, soit par moi, soit par
« ceux qui ont charge de lui » ; à la deuxième heure :
« La morale mixte, ou la morale de l'utilité pour soi-
« même » ; à la troisième heure : « Ne voyez-vous pas
« que votre père fait ainsi? » à la quatrième heure :
« Vous êtes petit, et cela ne convient qu'aux grandes
« personnes » ; à la cinquième heure : « La grande
« affaire est que vous réussissiez dans le monde et
« deveniez quelque chose dans l'État » ; à la sixième
« heure : Ce sont les choses éternelles et non les tem-
« poraires qui déterminent le mérite de l'homme » ; à
« la septième heure : « Donc supportez l'injustice et
« ayez patience » ; à la huitième heure : «... mais défen-
« dez-vous bravement si l'on vous attaque » ; à la neu-
« vième heure : « Cher enfant, ne faites pas de bruit » ;
« à la dixième heure : « Un petit garçon ne doit pas res-
« ter immobile comme cela » ; à la onzième heure :

« Il faut mieux obéir à vos parents » : à la douzième
« heure : «... et faire votre éducation par vous-même. ».

Qui sait ? devrait à tout ceci répondre M. Spencer.
Une pareille éducation ne renferme pas plus de contradictions que la vie. Le père a lui-même une morale
complexe. Il fera son fils à son image. C'est la loi.
N'est-il pas vrai que l'homme doit à la fois réussir dans
le monde sans compromettre sa vertu, être patient sans
être faible et savoir obéir pour savoir vouloir ? Cette
morale « ondoyante et diverse » est tout bonnement
accommodée à la nature humaine. Un système tout
d'une pièce est toujours trop étroit et étouffe l'enfant
qu'on veut élever, comme l'expérience l'a maintes fois
prouvé. Il ne faut donc plus de pédagogie *a priori*. —
Voilà le langage d'un philosophe qui croit véritablement à l'infaillibilité de la nature.

Mais c'est surtout à l'infaillibilité de la nature enfan-
tine que croit M. H. Spencer, au point qu'on se demande s'il reste autre chose à faire aux parents qu'à
s'incliner devant une finalité qu'ils ne comprennent
pas, de peur de tout gâter par leur intervention.
« Comme l'appétit est un guide sûr chez tous les animaux.., on peut en inférer avec certitude qu'il est un
guide sûr chez les enfants. Il serait étrange que, chez
eux seulement, ce guide ne méritât point confiance. »
La mère, « qui n'a pas d'intelligence secrète avec l'estomac de l'enfant », doit se défendre de jamais douter
de son appétit. Voyez plutôt comme le soupçon de
gourmandise peut tomber à faux. Vous reprochez à
votre jeune fils son goût pour les sucreries et les fruits
verts ; mais le physiologiste, « qui est conduit par ses

découvertes à révérer de plus en plus l'ordre de la nature », a démontré le rôle exceptionnel des acides végétaux et du sucre dans l'organisme de l'enfant. Avis aux parents, par conséquent, de respecter « cette conscience physique » qui n'a pas encore appris à mentir. Car s'il n'y a pas de conscience morale dans le livre de M. Spencer, il y a une conscience physique, et aussi un péché physique et une moralité physique. M. Spencer oublie donc que l'hérédité transmet les vices humains même aux enfants, et qu'il y a un péché originel de l'estomac ; il oublie que lui-même, et dans ce même traité de l'éducation, a refuté ce prétendu dogme, « que tous les enfants sont nés bons » ; il oublie que les ivrognes ont toujours soif et les gourmands toujours faim, et qu'on est exposé à prendre et à respecter comme instinct ce qui n'est que vice ou caprice.

De plus, cette soumission absolue des parents aux enfants ne renverse-t-elle pas les rôles, et cette théorie de l'éducation n'en n'est-elle pas la suppression ? Cette objection ressort de chaque page du livre et préoccupe visiblement l'auteur (1). Ne semble-t-il pas l'appeler pourtant, quand il écrit ce qui suit : « De même que les traits d'un enfant, le nez plat, les narines relevées, les lèvres grosses, les yeux écartés, l'absence de sinus frontal, etc., sont, pendant un temps, ceux du sauvage, de même ses instincts sont ceux du sauvage aussi. De là la tendance à la cruauté, au vol, au mensonge, si générale chez les enfants ; tendance qui, *même sans le secours de l'éducation*, se modifierait en même temps que les traits du visage. » Ailleurs il oppose à

(1) Voy. surtout p. 108 et 218.

la stupidité morbide du gentleman, qu'on a mis trop
de zèle à élever, l'intelligence dégourdie du gamin de
Londres qu'on n'a pas élevé du tout. La conclusion s'impose : l'idéal de l'éducation, c'est l'absence d'éducation.
M. Spencer a donc tort de recommander avec une telle
insistance à ceux qui doivent être pères ou mères de se
préoccuper de leur mission. Son livre même, plein de
tant de vérités pratiques, est une inconséquence et une
inutilité. — Aux philosophes qui jugent que la nature
laisse quelque chose à faire à l'homme, et à ceux-là
seuls, de discuter sur ce quelque chose. S'il est possible de lutter contre les fatalités héréditaires, si tout
progrès est une conquête de la raison et de la liberté,
alors seulement je comprends le pourquoi de l'étude et
de l'effort. Si l'expérience n'est pas le tout de l'esprit,
mais simplement une matière qu'une intelligence
doive recevoir et pétrir, alors seulement je comprends
le rôle des conseillers et des collaborateurs de l'enfance.
De même, à ceux-là seuls qui doutent que tout soit
également divin dans l'homme, de faire leur part à la
bête et au dieu qui sont en chacun de nous. A ceux qui
croient qu'à nos natures imparfaites il faut une loi,
d'essayer le difficile métier de législateurs. A ceux qui
croient au devoir, de parler en son nom à la jeunesse.
Quant aux autres, pour qui ce sont là chimères et fictions de métaphysiciens, qu'ils laissent donc faire tout
de bon la nature. — Mais peut-être que la nature serait
trop peu positiviste à leur gré et que l'âme de l'enfant,
s'ils cessaient de faire bonne garde, s'ouvrirait d'elle-
même au devoir et chercherait Dieu.

CHAPITRE II

ALEX. BAIN

Le positiviste anglais Bain, dont les écrits philosophiques sont des monuments d'une analyse souvent
profonde et toujours patiente, est en même temps un
des pédagogues les plus estimés de son pays et de son
école. Sa pédagogie ressemble d'ailleurs à sa philosophie. Il a publié sur l'enseignement de la grammaire
et de la rhétorique plusieurs traités tout techniques et
pratiques ; et son grand ouvrage sur la science de l'éducation, pour embrasser toutes les questions, au lieu
d'une, a le même caractère. Un autre a pu développer
de brillants paradoxes avec tant de naturel et d'autorité
qu'on s'étonne quand on se découvre un avis contraire
au sien, et qu'on craint de paraître soi-même paradoxal.
Mais il n'y a entre le livre de M. Bain et le livre célèbre
de Spencer que la ressemblance du titre et du sujet.
Celui-ci, qui est fait d'articles juxtaposés, a plus de vie
et aussi d'unité que celui-là, dans la composition duquel nous serions cependant embarrassés pour signaler
une redite ou une lacune. C'est que celui-là vaut surtout par les détails infinis et les remarques subtiles ;
il n'est qu'une série de paragraphes. De là la difficulté
que nous rencontrons à l'étudier en quelques pages ;

de là le manque d'intérêt de cette étude, à moins que
de cette difficulté et de ce manque d'intérêt même ne
ressorte une utile leçon. Car si les défauts, comme les
qualités du livre, tiennent au genre d'esprit de M.
Bain, ils tiennent aussi à l'idée qu'il s'est faite de l'éducation et d'une science de l'éducation.

Non que nous voulions faire de ce livre le texte et le
prétexte d'une dissertation pédagogique. Il mérite de
nous occuper pour lui-même par les vérités et aussi
par les erreurs qu'il contient ; plus de vérités que d'erreurs, quoique sur des points essentiels nous estimions
qu'il se trompe. Mais ce n'est pas la moindre qualité
de M. Bain que de corriger, par le bon sens et la bonne
foi scientifique d'un homme qui ne traite chaque question qu'à son tour, ce que telle théorie générale aurait
d'excessif, au point qu'alors même qu'on diffère d'avis
avec lui sur l'ensemble, on se trouve d'accord sur le
détail.

Après avoir, en esprit positif, écarté de son sujet les
discussions qu'il lui croit étrangères et qu'il croit en
outre fort obscures, sur le but de l'éducation, c'est-à-
dire sur le sens de la vie elle-même, après avoir de tous
côtés circonscrit ce sujet, l'auteur étudie les « bases
psychologiques », sur lesquelles le maître doit asseoir
son enseignement. Pour ne contenir que de la psychologie, cette partie du livre n'est pas la moins pleine. On
sait la rare compétence de M. Bain, qui a donné un
exemple à imiter de l'alliance féconde des méthodes
nouvelles et de l'observation intérieure. Nous retrouvons dans ces chapitres préliminaires ce que M. Bain
nous a appris ailleurs sur l'association des idées et

sur la loi de similarité qui la régit. Si cette loi est
vraie, — et elle l'est, à condition de n'être pas exclusive, et d'en admettre d'autres à côté d'elle, — quel
inappréciable secours pour l'éducateur, qui peut
mesurer l'envergure d'esprit de son élève à l'éloignement des points que sa raison rapproche, et qui,
favorisant chez les mieux doués cette recherche instinctive des ressemblances, les met sur la voie des
découvertes et leur enseigne le génie ! — Et cette loi
n'est pas la seule que l'épreuve des discussions et la
sanction du temps aient fait passer de la psychologie
théorique dans la psychologie pratique, dans la pédagogie. Voici, toujours dans le domaine de l'association
des idées et des sentiments, une loi qu'avait devinée
Malebranche, et que Bain applique aux sentiments enfantins. La colère de l'enfant, comme la colère de
l'homme, rayonne autour de son objet principal, en-
gendrant, pour tout ce qui le touche ou lui appartient,
des antipathies sur l'origine et la date desquelles on se
trompe ensuite ; et par cette coalition de sentiments
dérivés et annexes, le sentiment primitif est entretenu
et ravivé, loin de s'être perdu en se dispersant. Avis
aux pères et aux maîtres qui auront à emprisonner ou
à détourner ces caprices trop débordants. Nous ne
croyons pas cependant que tout soit dit ici sur l'iras-
cibilité des enfants. Elle doit tenir à des causes obscures et, semble-t-il, passagères, puisqu'on a remarqué qu'à l'enfance la plus emportée succède souvent
dans la maturité le sens le plus rassis et le caractère le
plus pacifique, transformation trop régulière même
pour que l'honneur puisse en être attribué à l'influence

réformatrice de l'école ou de la famille. — Sur un sentiment voisin, celui de la crainte, c'est de Hume que Bain
semble s'inspirer. Hume a remarqué un effet curieux
produit par l'éloignement et l'incertitude. Tel plaisir,
sur la nature duquel nous ne sommes pas renseignés,
est attendu avec un sentiment d'émoi, qui ressemble
autant à de la crainte qu'à de l'espérance. A plus forte
raison un malheur est-il démesurément grossi dans
l'esprit de celui qui ignore quel il sera. Rien n'est plus
pénible que de craindre sans savoir ce que l'on craint.
Demandez plutôt à ceux qui ont peur de l'enfer. On se
familiariserait peut-être avec l'idée d'un enfer que l'on
connaîtrait mieux. Et voilà pour ceux qui ont à inti-
mider l'enfance un moyen de le faire, sans qu'ils aient
à redouter d'être mis au pied du mur et d'avoir à
exécuter de trop terribles menaces. Car elles seront
d'autant plus terribles qu'elles seront moins déterminées. — Il est vrai de dire aussi que la régularité impi-
toyable d'un châtiment prévu produit sur l'esprit une
impression bienfaisante d'ordre et de discipline, tellement les lois morales sont complexes. et si grande est
dans l'éducation la marge laissée à l'initiative et au
tempérament propre de chaque éducateur. — Cet autre
effet de l'éloignement et du temps semble contredire le
précédent ; — mais il faut croire que la contraediton
n'est qu'apparente. L'éloignement diminue, surtout
chez les enfants, certains objets au point qu'ils s'éva-
nouissent. Les longs calculs et les prévisions patientes
leur échappent. Comme les vieillards, mais pour des
raisons opposées, ils vivent au jour le jour. N'ayant
point de passé, ils ne songent point à l'avenir. Ils voient

même moins loin devant eux qu'ils ne voient derrière.
« Un demi-congé est plus à leurs yeux que la perspective de se trouver un jour à la tête d'un établissement
important. » Et ce ne sera pas le moindre travail de
l'éducateur que d'élargir leur pensée, et par là d'ordonner leur vie.

D'autres remarques sont moins importantes, mais
aussi vraies; et quelle est ici la vérité que l'on puisse
dire négligeable? Tout fait impression sur l'enfant.
Mais l'observation de certaines formes et d'une certaine
étiquette est nécessaire pour graver telles impressions
que l'on veut rendre particulièrement profondes. Il faut
beaucoup de maturité pour que l'abstraction de la loi
suffise à nous en imposer, tant de maturité qu'on se
demande si ce rituel et ce formalisme, dont les esprits
forts se gaussent, est jamais tout à fait inutile. « Les
Romains, les plus grands législateurs du monde, se
sont distingués entre tous par la pompe de leurs cérémonies officielles. » Et il semble, écrit encore M. Bain,
qu'il faille proportionner les formes dont nous entou-
rons l'autorité au respect dont nous voulons qu'elle soit
entourée. — Tout fait impression sur l'enfant, avons-
nous dit, même les objets matériels et insignifiants au
milieu desquels il vit. Un maître dans l'art de s'observer et de se raconter soi-même, Mill signale, « comme
une circonstance mémorable de son éducation, » le
séjour qu'il fit dans un château qui appartenait à Bentham. « Rien ne contribue plus à élever les sentiments
des gens que le caractère large et libre de leurs habi-
tations. L'architecture moyen âge, la grande salle sei-
gneuriale, les chambres spacieuses et hautes de cette

vieille et belle demeure, contrastaient singulièrement avec les dehors mesquins et étriqués de la classe moyenne anglaise. J'en conçus le sentiment d'une existence plus large et plus libre (1). » Tout le monde ne peut habiter un château, et il faut espérer, pour l'honneur de notre génération, que ses idées n'ont pas pris mesure sur les appartements où elle a grandi. Toujours est-il qu'il y a une psychologie de l'architecture, et que certaines qualités de simplicité, de proportion et d'ordre tout au moins sont indispensables à cet important facteur de l'éducation, qui est l'école. Il faut qu'une école soit une école, jusque dans sa façade, et non une église, ni un théâtre, ni même une caserne. Les exigences de l'art bien entendu sont ici d'accord avec celles de l'éducation. — Mais si tout fait impression sur les jeunes esprits, ils semblent de parti pris saisir au vol, pour s'en pénétrer, justement les impressions que l'on voudrait qu'ils fuient. Ils n'ont d'yeux que pour ce qu'on leur cache. Dans un modèle ils recherchent, pour l'imiter, le trait le moins digne d'imitation, la tache sans laquelle il n'est guère de beauté. Dans un maître, ils copient ce qui est sa manière propre, c'est-à-dire le plus souvent son défaut. Il faut donc corriger l'une par l'autre ces imitations et ces impressions trop promptes, afin que, les particularités et les taches s'annulant et s'effaçant l'une l'autre, cela seul reste dans l'esprit qui mérite d'y rester.

Pourquoi faut-il que toute cette psychologie si fine et si vraie soit animée à l'égard de l'enfance, voire de l'humanité entière, d'un sentiment de défiance qui se

(1) *Mémoires*, trad. française, p. 53.

trahit à chaque pas ? Est-il vrai que la méchanceté soit
l'instinct dominant chez tous les êtres, et en particulier
chez les êtres humains ? Est-il vrai que les joies du
pouvoir se résument dans la joie de pouvoir faire le
mal ? L'art a-t-il pour unique procédé de flatter et de
stimuler nos sentiments actifs, c'est-à-dire malveil-
lants (car notre énergie n'a d'autre façon de se dépenser que de faire le mal), et le sentiment du sublime
n'est-il que l'exaltation de cette malveillance contenue ?
Est-il vrai encore que, comme l'art, ce noble jeu de
l'âge mûr, est l'exercice gratuit et inoffensif de nos
mauvaises passions, les jeux des enfants ne les char-
ment que s'ils y font intervenir au moins l'apparence
de la méchanceté, pareils aux petits chiens qui grognent
de contentement en faisant semblant de mordre ? Et
l'épanouissement tant célébré de toutes ses forces et de
tout son cœur, chez l'enfant qui devient homme, n'est-
il que l'enivrement d'une malignité prête enfin à se
satisfaire (1) ? Nous insistons sur cette sorte de parti
pris, en précisant toutes les formes qu'il revêt, parce
qu'il nous semble, de toutes les erreurs, être celle dont
l'éducateur doit surtout se défendre. Il faut aimer pour
élever ; et comment aimer ceux que l'on donne pour si
peu aimables ? Alors l'enfant se défiera d'une éducation
dictée par la défiance. Il renoncera à ce sourire et à cet
abandon que vous avez pris pour les ruses de passions
trop frêles et qui n'osent éclater. En blessant ce qu'il y
avait de bon en lui, vous l'aurez détruit. Et le malheur
voudra qu'il finira par se juger d'après vous, et qu'il
donnera raison peut-être à ses jugements et aux vôtres.

(1) Trad. française, p. 56, 300, 309, 312 et *passim*.

Pourquoi n'avoir pas encouragé plutôt ce laisser-aller
de sentiments qui s'avouent avant d'être mûrement
conscients, cette naïve confusion du moi et du non-moi,
cette facilité de sympathie, qui fait que l'enfant veut
toujours donner de ses joies et de ses tristesses, et
qu'en retour son âme se met si vite à l'unisson de celles
qui l'entourent ? Pourquoi ne lui avoir pas suggéré la
fierté salutaire de la bienfaisance, qui n'est pas sans
doute moins naturelle que l'inavouable plaisir du mal,
et qu'accompagne la conscience d'une vie plus pleine
et d'une activité plus libre, puisque celle-ci ne jouit
d'elle-même que dans la mesure où elle se donne ?
Disons plus : quand il serait vrai que la perversité fût
le fond de notre nature, ce serait une vérité à ignorer,
du moins à oublier dans la pratique de l'éducation.
Philosophe, vous vous demandez avec scepticisme ce
qu'est la raison ; vous ne vous efforcerez pas moins de
faire de ceux qui vous sont confiés des hommes raisonnables. Vous hésitez théoriquement entre le déterminisme et le libre arbitre ; vous développerez tout de
même le sentiment de la liberté chez vos fils ; car vous
voulez en faire des hommes libres. Raison et liberté
seraient au moins d'utiles fictions psychologiques ; et
d'aucuns prétendent que c'est la force de notre foi qui
en fait, qui en fera des réalités. La bonté humaine est
du même ordre. Il faut y croire ; et c'est le cas de dire :
Si vous n'y croyez pas, faites comme si vous y croyiez.
La foi viendra par surcroît, et, ce qui vaut mieux, il se
trouvera alors qu'elle ne s'était point trompée (1).

(1) Notre intention n'est pas du tout ici de prendre parti

Après cette psychologie dont les détails valent donc mieux que l'idée générale que l'on y croit saisir, l'auteur traite dans une série de chapitres, réunis sous le titre de « Méthodes », des différents procédés d'éducation, des différentes sciences, des différentes langues, ainsi que de l'ordre et de l'importance qu'il faut leur attribuer. Et tout cela aboutit à un plan d'études que M. Bain propose, approprié selon lui à ce qu'il appelle « l'éducation moderne ». Chemin faisant, nous trouverions d'utiles notes à prendre. Ingénieuse idée, entre cent, que d'apprendre les dates aux enfants, les dates, cet ennuyeux et indispensable complément de l'histoire, en les mêlant aux exercices d'arithmétique, aux exemples numériques de tout genre, dont la mémoire autrement s'encombre sans profit ; car « telle est la perversité de la nature humaine que l'esprit prend souvent plaisir à s'arrêter sur ces nombres, parce qu'il *n'est pas tenu* de les apprendre ». — Peut-être aussi l'apprentissage de l'écriture serait-il à la fois moins pénible et plus prompt, si une habitude préalable du dessin avait assoupli les doigts et formé le goût de l'enfant. On a vu en effet des enfants se passer sans façon de l'initiation traditionnelle par les traits et les jambages. et *dessiner* vraiment leurs premières lettres. — Nous goûterions moins l'idée d'un manuel d'incorrections,- d'un lexique de l'argot et du patois à proscrire, rédigé à l'usage de chaque contrée. Car on enseignerait par là à bien des gens ce dont on voudrait les déshabituer. Puis les grammairiens n'ont ni le droit ni

contre le dogme du péché originel. Mais il y a tant de façons d'y croire.

R. THAMIN

7

le pouvoir de mettre définitivement un mot au pilori.
L'usage et le temps leur joueraient de mauvais tours.
Enfin, s'ils réussissaient, ils réussiraient trop à notre
gré ; un peu de variété, que le peuple apporte, rompt
d'une façon piquante la monotone uniformité de la
langue d'un pays.

Mais nous craindrions de nous attarder et de nous
égarer dans ces infiniment petits problèmes qu'il faut
laisser à la pratique le soin de résoudre, et qui ne sont
pas, selon nous, la matière essentielle d'une science
de l'éducation, laquelle doit demeurer surtout une
science de principes. Nous voulons insister seulement
sur certaines opinions de M. Bain, qui font honneur à
l'indépendance de son jugement autant qu'à son expérience ; car il nous semble qu'il est par elles en désaccord avec l'école dont il est un des principaux représentants, et en particulier avec M. H. Spencer. On sait
que celui-ci réduit toute discipline à la discipline des
conséquences. Les « réactions naturelles » sont les seules
punitions « scientifiques » et légitimes. M. Bain ne con-
teste pas ce que leur inflexible déterminisme a d'incontestable efficacité. Mais il se demande si elles ne pécheraient
pas parfois par excès de sévérité, et, excessives ou non,
si elles garderaient dans l'esprit de l'enfant ce caractère
de sanction anonyme pour lequel on les vante. Obéissant à un instinct anthropomorphique que l'expérience
et la raison n'ont pas encore découragé, l'enfant s'en
prend à quelque chose ou à quelqu'un, à ses parents
le plus souvent, du mal qui lui survient sans auteur
visible et responsable. Ceux-ci dès lors n'ont-ils pas
tout bénéfice à revendiquer cette responsabilité, plutôt

que de dissimuler leur autorité, et de n'oser châtier que par procuration ? D'ailleurs leur colère même, pourvu qu'elle soit contenue, est d'un effet moral que rien ne peut remplacer. « Il ne suffirait pas au genre humain que le fauteuil du juge fût occupé par une machine à calculer, donnant une condamnation à cinq livres d'amende ou à un mois de prison, toutes les fois que l'on mettrait certains faits dans l'appareil récepteur. » Il faut que quelque chose d'humain, et qui parle à l'intelligence et au cœur du coupable, se mêle au châtiment matériel et l'anime.

Dans le même ordre d'idées, M. Bain rend à la souffrance, à la contrainte, la place qu'elle doit tenir dans l'éducation. Théorie dont on dirait qu'elle a été imaginée pour obtenir le suffrage des enfants que celle qui fait de leur plaisir le critérium souverain, et comme l'oracle rendu par la nature devant lequel les faibles raisons humaines des parents et des précepteurs doivent s'incliner. M. Bain sait qu'il est des études, et indispensables, vers lesquelles aucun plaisir, même prévenant, ne pousserait l'enfant. Il y faut la volonté d'autrui, et quelquefois la volonté armée de la menace, et la menace suivie de l'effet. Autrement élever serait vraiment une besogne trop aisée. Le « laisser faire » est en éducation une méthode paresseuse. Aussi bien n'est-ce pas tant la peine des enfants qu'elle supprime que celle des parents.

Contrairement à l'opinion, et comme à la mode actuelle, M. Bain recommande encore de ne pas abuser des travaux manuels à l'école. Utile diversion qui repose mieux l'esprit que l'absolue oisiveté, il ne faudrait pas les confondre avec l'éducation elle-même. — Il remet de même à leur place des exercices accessoires, devenus envahissants, comme les manipulations en chimie. « Ce serait les payer trop cher que de leur sacrifier quelque autre travail de science. » — Il maintient avec fermeté, contre un fâcheux empirisme, le caractère démonstratif des mathématiques. C'est se tromper que de croire faire de la géométrie quand on a vérifié avec des bouts de carton juxtaposés ou superposés l'exactitude d'un théorème. On réussit simplement à fausser les esprits, et à compromettre en eux la notion de la science et de la vérité. — Avec un même sentiment de la méthode et de l'ordre dans l'enseignement, M. Bain élève des doutes fort justifiés sur l'étude de la grammaire sans livre. « Dans un livre, dit-il, on ne met que ce qu'il est bon de dire de vive voix, et, si le maître peut s'exprimer plus clairement que le meilleur livre qui existe, il n'y a qu'à rédiger ce qu'il dit et à en faire un livre. » De nos jours, en France, certains maîtres ont trouvé un compromis, et dictent une grammaire préparée par eux, mais qui n'est pas un livre, puisqu'elle n'est pas imprimée. C'est se faire illusion en effet que d'imaginer les règles se dégageant seules et se classant d'elles-mêmes dans l'esprit. « Un enseignement n'est possible qu'avec un plan et un ordre bien définis, et la publication de ce plan sous forme de livre est un bien au lieu d'être un mal. »

Mais la plus grande originalité de M. Bain est le scepticisme avec lequel il traite des leçons de choses. Il ne les repousse pas absolument. Qui donc aujourd'hui le ferait ? Elles instruisent aux moments perdus de l'éducation ; elles habituent l'œil et la raison à observer.

et enrichissent la faculté de conception ; elles sont une méthode pour apprendre à lire dans ce livre qui est le monde extérieur, qui est la vie. Mais elles ne sont pas l'enseignement, parce qu'elles viennent au hasard des événements et des rencontres, et ne donnent que des « bribes de savoir ». Les leçons de choses ne sont pas des leçons de science. Car toute science est système. Elles seraient plutôt des leçons de mots. Et c'est en ce sens que les entendait Pestalozzi, de l'autorité duquel on abuse. Leur plus grande utilité est en effet d'unir par l'association d'un son et d'une image, que l'insistance du maître a rendue plus étroite, le mot et l'objet. Mais ne risque-t-on pas ici de gaspiller un temps et des efforts précieux, et d'apprendre péniblement aux enfants ce que la vie quotidienne leur apprendrait bien mieux. « Ceci est un chien, cela est un chat. » Bel enseignement, ma foi ! et que la rue eût mieux donné que l'école. Ou bien vous direz aux enfants les noms d'objets que l'expérience ne leur a jamais montrés, leur procurant ainsi une expérience artificielle, et les faisant voyager à peu de frais dans les champs et dans les villes. Mais, à moins d'une rare imagination chez votre élève, vous ne lui enseignerez que des mots, et des mots qui pour lui n'auront pas de sens. Ce n'est pas au maître, c'est à la nature à donner ces leçons vivantes. Car quel est le maître dont les descriptions auront, et sur tous les sujets, assez de couleur et d'intérêt ? Huxley a fait une leçon modèle sur la craie. Mais tous les maîtres d'école ne sont pas des Huxley. Et la plupart, sous prétexte de leçons de choses, accablent les esprits du poids de mots incompris et de vrais catalogues. On a voulu,

en vertu d'une théorie philosophique, que l'expérience
devançât et primât la raison dans les méthodes d'enseignement. Mais c'est à la mémoire qu'on s'adresse dans
la pratique, et c'est elle qu'on surcharge. Nous avons
entendu un enfant de cinq ans, tout fier de ce qu'il ve-
nait d'apprendre, car il mesurait le mérite de sa science
à l'étrangeté des mots, répéter avec une naïve pédante-
rie que l'huître était un mollusque acéphale. Il sortait
d'une leçon de choses dont l'huître avait été l'objet.
Pour que cette définition ne fût pas seulement verbale,
il eût fallu alors que le maître expliquât ce qu'est un
mollusque, et que par une série de digressions enchaînées, il fît, en commençant par la fin, tout un cours
d'histoire naturelle qu'il eût aussi bien fait de commencer par le commencement. C'est encore en effet un
inconvénient des leçons de choses, si elles veulent sortir des énumérations et des banalités, que de supposer
connus mille détails qui détourneraient du sujet principal, et de ne donner ainsi que des explications sans
fondement, et toujours à reprendre. Huxley, traitant
de la craie, s'adressait à des hommes faits, et encore
lui a-t-il fallu un grand art de la composition pour
tourner autour de son sujet sans jamais le perdre ni le
faire perdre de vue. Un autre parti de la craie fût arrivé, en passant par le mortier, à parler architecture,
causerie profitable peut-être, mais causerie seulement
et non pas enseignement. Or ce sont là deux méthodes
que M. Bain distingue avec force, si manquer de méthode peut s'appeler une méthode. Il les admet toutes
deux, mais il n'admet pas qu'on les confonde, et il subordonne l'une à l'autre, ayant de l'enseignement comme

de la science l'idée la plus haute et la moins empirique. Les leçons de choses sont une école provisoire, un apprentissage à bâtons rompus. Ce seront leçons à recommencer dans un autre ordre. Mais peut-être, disent quelques-uns et en particulier M. Bain, n'est-il pas inutile que l'esprit ait été familiarisé avec certains objets, pourvu toutefois qu'on ne lui ait jamais permis de s'abuser sur la portée de ses premières connaissances. Car c'est un danger sur lequel on n'insiste pas assez, croyons-nous, que celui de donner des idées incomplètes et fausses, et de compromettre pour l'avenir le succès d'un enseignement prématurément et maladroitement ébauché.

Nous arrivons, à travers toutes ces controverses et mille autres du même genre, au programme d'études secondaires esquissé par M. Bain. Il comprend trois parties : les sciences ; les humanités, c'est-à-dire l'histoire, et quelques sciences sociales telles que l'économie politique et la jurisprudence ; la rhétorique et la littérature *nationale*. La révolution de ce programme, comme dit M. Bain, consiste à mettre les langues au second plan et à supprimer les langues mortes. C'est aussi le seul point sur lequel nous voudrions nous arrêter, non pour recommencer une discussion que chacun tranche selon sa propre éducation, selon ses goûts et ses aptitudes, mais pour signaler dans la très consciencieuse énumération que M. Bain a faite des avantages de l'éducation classique, une omission de quelque importance, et pour mesurer au contraire à sa juste valeur un argument souvent grossi en faveur de l'éducation scientifique. — Ces simples rectifications ne prétendent pas d'ailleurs déterminer la solution du conflit. -- M. Bain classe ainsi les arguments invoqués en faveur du maintien des langues mortes : « 1° Les auteurs grecs et latins peuvent encore nous apprendre une foule de choses ; 2° ce n'est que par les langues mortes que nous pouvons connaître les trésors littéraires des anciens ; 3° l'étude des langues anciennes est une véritable discipline intellectuelle ; 4° elle nous prépare à l'étude de notre langue maternelle ; 5° les langues mortes nous initient aux études philologiques. » Mais M. Bain oublie de dire que les littératures classiques ne sont pas seulement des littératures mortes, mais des littératures mères. On pourrait peut-être exercer sa sagacité dans la traduction du chinois ou du persan, mais on ne retrouverait pas dans cette étude les esprits qui sont les ancêtres de nos esprits, la pensée d'où la nôtre est née. Par les études classiques, au contraire, en même temps que nous accomplissons comme un devoir de piété filiale, nous prenons conscience du passé qui nous a faits, et achevons par là notre propre examen. Nous apprenons à nous mieux comprendre, en remontant à nos origines intellectuelles. C'est notre propre histoire, l'histoire de nos idées, que nous allons saisir dans ses sources lointaines. Ainsi la connaissance de l'antiquité est le commencement de la connaissance de soi-même, laquelle est, dit-on, le commencement de la sagesse.

Mais l'étude des sciences, objecte-t-on, a seule une utilité pratique. De quelles sciences parle-t-on ? Telle science spéciale servira à tel métier spécial ; mais bien léger est le bagage des connaissances scientifiques uni-

versellement utiles. Prenons l'exemple le plus favorable
à l'argument invoqué, argument qui n'est pas sans portée, mais qui a une portée plus courte qu'on ne croit.
C'est la physiologie qui nous le fournit; car sur elle
repose l'hygiène, et hors de l'hygiène point de salut.
M. Bain en énumère lui-même les préceptes les plus
importants : « Nécessité de respirer un air pur, d'avoir
une nourriture saine et assez abondante, de faire alter-
ner l'exercice et le repas, d'assurer la force intellectuelle par de bonnes conditions physiques. » Que de
vague dans tout cela ? Quelle est la nourriture qui est
saine, et quelles sont les *bonnes* conditions physiques?
Et pour savoir ce que ces quelques lignes apprennent,
faut-il en vérité avoir suivi un cours de physiologie ?
Sans doute, depuis que Bain a rédigé ce code rudi-
mentaire de l'hygiène, cette science, en partie sous
l'impulsion des découvertes de notre Pasteur, a fait
des progrès tels qu'elle ressemble aujourd'hui à une
science nouvelle. La crainte du microbe est le commencement de la sagesse qu'elle enseigne. Nous
croyons comprendre au moins ce commencement.
Mais, pour le comprendre tout à fait, il faudrait être savant en physiologie, très savant, si savant que ce n'est
pas dans un plan d'études classiques qu'il peut être
question d'une science portée à ce point. Le plus sage
est d'accepter l'ordonnance, sans demander les raisons. Elles sont l'affaire des spécialistes. De telle sorte
que notre physiologie à nous ne nous sert pas à grand'
chose. Nous en avons fait trop ou pas assez. Et comme
nous ne pouvons en faire assez, le mieux serait peut-
être d'en faire moins. Nous respecterons donc l'hy-

giène qui se venge de ceux qui la méprisent. Mais
nous n'accepterons pas comme un argument sérieux
en faveur de l'invasion des sciences du corps humain
dans nos programmes, qu'il faille les traverser toutes
pour arriver à elle.

Puis l'utilité pratique de chaque étude en est-elle la
vraie mesure ? Il paraît paradoxal de le nier. Nous le
ferons cependant ; car si nous avons M. Bain contre
nous, nous l'avons aussi avec nous. Nous l'avons dit.
c'est qu'à force de retourner les questions, il finit toujours par les prendre du bon côté. Sans doute il lui
paraît logique de « déterminer d'avance la fréquence
probable de l'emploi de toutes les études, de manière
à choisir de préférence celles qui servent le plus souvent ». Mais il remarque ensuite que « le seul fait de
cette récurrence fréquente agit de lui-même ». Nous
développerons cette pensée indiquée à peine, et nous
dirons qu'il est des choses qu'on apprend toujours, et
que, sans les négliger, l'éducation doit les dépasser. Il
faut qu'à l'école on reçoive justement l'enseignement
que ni la nature ni la vie ne donneraient. Car c'est
pour cela qu'il y a une école, et que ses leçons ne font
pas double emploi avec celles de l'expérience et de la
nécessité. L'éducation a ses fins propres qui l'inspirent
et la coordonnent.

Mais quelles sont ces fins, c'est ce que M. Bain a refusé
de considérer, et là est la faiblesse et la lacune de son
livre si bien rempli. Il veut faire de la pédagogie une
science indépendante, et défend ses limites contre
cette question dominante dont l'absence se fait justement sentir par ce manque de vie et d'unité vraie que

nous signalions en commençant. Lui qui parle si bien
de l'esprit de système dans l'enseignement, il semble
avoir eu peur d'un système. et c'est à la fois la qualité et le défaut de son ouvrage, car s'il échappe par
là à quelques erreurs, il n'atteint que des vérités par-
tielles, et qui, étant sans lien, restent sans force.

Si encore cette pédagogie *scientifique*, qu'il semble
avoir rêvé de constituer (1), était possible ! Mais en
dehors des solutions que fournissent un bon sens
éclairé par la pratique, et un ensemble de convictions
philosophiques plus ou moins conscientes, cette science
ne semble bien contenir jusqu'ici que des problèmes.
Il serait fort utile sans doute de savoir la date précise
de l'éclosion de chaque faculté, en langage physiologique, de chaque centre cérébral. Car il arrive peut-
être qu'on demande aux enfants des choses littérale-
ment impossibles pour eux. Mais la théorie des
localisations cérébrales est encore contestée, et ne le
serait-elle plus que toutes les localisations ne seraient
pas faites pour cela. La monographie de chaque centre
se fera donc attendre longtemps encore. — Il serait
utile de savoir les années, les saisons, les heures où nous
disposons pour le travail cérébral de la plus grande force
nerveuse. Nous mesurerions alors nos efforts sur nos
ressources. Mais il s'agit de savoir si ce ne sont pas ici les
efforts qui créent les ressources, et si une règle commune à tous pourra jamais être fixée. Les nerfs,
comme l'âme, ont leurs particularités et leurs ca-

(1) Voir les premières lignes de sa préface. Disons que
cette pédagogie scientifique a fait de grands progrès depuis
le livre de Bain. ce qui donne tort, mais partiellement seulement, à notre argumentation.

prices. — Problème plus modeste : à quel âge faut-il commencer à apprendre à lire ? « Nous savons que bien des enfants ont appris à lire dès l'âge de trois ans sans que leur santé et leur vigueur en aient souffert le moins du monde, Mais ce que nous ne savons pas, c'est si en commençant à quatre ou cinq ans, ils ne se seraient pas trouvés aussi avancés à quinze qu'ils le sont après avoir débuté plus tôt. » D'autre part « rien ne prouve qu'il soit nécessaire et utile de retarder jusqu'à six ou sept ans le commencement du travail intellectuel. Il faudrait d'abord qu'il fût démontré d'une façon positive que les enfants qui commencent aussi tard avancent ensuite avec une rapidité qui triomphe de toutes les difficultés. » — Et ce ne sont pas seulement les forces physiques de l'enfant, c'est son apport intellectuel, c'est l'effort des générations antérieures accumulé en lui et transformé en pensée latente qu'il nous faudra mesurer et peser.

Qui ne reculerait devant de pareils calculs et qu'elle science va-t-il falloir pour exercer le plus commun en même temps que le plus noble de tous les métiers, celui de père ? Il est vrai que quelques-uns seulement auraient cette science et feraient pour tout le monde ces calculs. Mais nous irons maintenant plus loin, et nous prétendrons que, quand cette science serait possible, elle ne serait qu'une partie de la science de l'éducation. Celle-là est la science des fins plutôt que des moyens. Celle-là ne consistera jamais dans un recueil de procédés mnémotechniques et autres recettes pédagogiques. Mais elle déterminera le but à atteindre, c'est-à-dire qu'elle fixera en traits ineffaçables dans l'esprit de l'éducateur l'idéal humain, dont la conscience toujours présente, alors même qu'elle semblera oubliée, guidera ses démarches, dictera ses réprimandes et ses ordres. Aussi le véritable éducateur n'est-il pas celui qui sait le plus, mais celui qui sait le mieux ce qu'il veut et où il va. Et voilà pourquoi de modestes maîtres d'école sont souvent d'excellents maîtres. La droiture de leur âme leur tient lieu de pédagogie. Car il en est de l'éducation comme du reste de la conduite. La bonne volonté a ses divinations, pourvu qu'elle ait été une fois pour toutes mise dans le droit chemin. Chez quelques-uns même l'abus de la réflexion supprimerait les actes directs, comme disaient les théologiens du dix-septième siècle. C'est-à-dire que l'excès des règles les empêcherait d'y voir clair et d'agir à propos. Sans compter que les règlements frisent le ridicule, quand ils se mêlent de certains détails, quand par exemple ils circonscrivent, comme on le racontait récemment (1), la région du corps que le fouet peut atteindre, et qu'ils discutent sur les limites. Il faut laisser quelque chose à l'instinct, à l'initiative, à l'homme dans l'éducation. Tout savoir et tout prévoir ne serait plus humain ; et un éducateur si parfait tournerait à la machine. Ou bien la science de l'éducation ainsi entendue supprimerait les maîtres, ce qui ne serait pas un progrès ; car un homme vaut mieux qu'un code ou qu'un manuel pour élever un homme.

Loin de nous cependant de préférer un seul instant l'ignorance à la science, ou de désespérer de recherches

(1) Franck d'Arvert, *les Châtiments corporels à l'école.*

à peine commencées. Mais un peu de science donne à ceux qui possèdent ce peu plus d'illusions que s'ils en possédaient davantage, illusions dont il faut rabattre. Puis ceux même qui auraient résolu les problèmes pendants en pédagogie n'auraient rien fait, si, sachant jouer à leur gré de ce merveilleux mécanisme mental, dont ils auraient découvert les ressorts et les secrets, ils ne savaient quel air lui apprendre.

L'éducation n'est pas pure théorie, elle est chose pratique, elle est action. Or il faut en toute chose avoir un dessein pour agir. On n'élève comme on ne marche qu'avec un but. Et ce but est ici une idée, que la plus humble pensée peut concevoir, qu'elle conçoit obscurément et sans se le dire, qui lui est venue par la tradition morale et religieuse qu'elle respire, une idée de la perfection humaine, sans laquelle la conduite individuelle, comme la direction d'autrui, manquerait de sens et d'harmonie. Fortifier et épurer cette idée, voilà qui vaut mieux que de savoir définitivement l'âge le plus propice aux premières leçons de lecture. Car, s'il importe d'apprendre à lire, combien plus d'apprendre à vivre ?

On se demande tout au moins comment l'éducation morale est possible sans cette règle latente de tous nos jugements comme de tous nos efforts. Aussi dans les quelques pages que M. Bain a consacrées à ce sujet essentiel, il analyse les influences subies par l'enfant plutôt qu'il ne s'efforce de les diriger. Son analyse est d'ailleurs d'une grande délicatesse et d'une belle impartialité ; elle signale le fortifiant bienfait du sentiment religieux ; en revanche elle se trompe sur le rôle que l'art doit jouer dans l'éducation, ne voyant en lui qu'un dispensateur de jouissances plus ou moins hautes. Elle fait remarquer avec finesse que la présence seule d'un maître donne aux enfants la notion de l'autorité et du devoir, et qu'ils reçoivent ainsi une leçon muette de morale. — Cette leçon suffit-elle et les leçons proprement dites sont-elles, quoi qu'en ait pensé le législateur français, une inutilité? M. Bain ne le dit pas, mais il le laisse entendre. Il interdit ces leçons au-dessus de l'âge de douze ans. A partir de cet âge on ne doit plus invoquer que des motifs de prudence et d'intérêt personnel. Il faut croire que les autres feraient sourire, et qu'en Angleterre l'utilitarisme n'attend pas le nombre des années. Au-dessous de douze ans même la morale est un sujet d'étude fastidieux. Les phrases de ce genre : « Ceci doit nous apprendre », « comme il est important de se rappeler toujours », ne servent dans l'éducation qu'à donner congé à l'esprit des enfants, soit qu'ils les entendent, soit qu'ils les lisent. C'est comme si on leur disait : « Maintenant, vous pouvez vous en aller pendant que je vais prêcher (1). » Cet enseignement fût-il plus habilement donné, les élèves de M. Bain n'en préféreraient pas moins les leçons de science. Ceux de Kant préfèrent les leçons de morale. Il y a des élèves pour tous les systèmes.

Mais ne pourrait-on dire que si l'enseignement moral de M. Bain rencontre peu de succès, c'est qu'il ne recherche pas assez ce succès pour lui? Cet enseignement-là n'est rien, s'il n'est tout. Bien compris, il devient le

(1) Isaac Taylor, cité par Bain.

centre de tous les autres. Il apporte à l'éducation l'unité
dont elle a besoin. Il est l'éducation elle-même, et on
peut douter qu'en dehors de lui on ait le droit de se
servir de ce mot. La pédagogie est, avant toute chose,
une désignation nouvelle ou, si l'on veut, un départe-
ment de la morale. Elle est la morale pour les enfants ;
elle est l'art de faire les autres meilleurs que soi. L'idée
qu'on se fera de l'éducation dépend donc de celle qu'on
se fait de la vie. Et, remise à sa place, c'est-à-dire au
dessus de tout le reste, une conception morale de la vie
sert à mettre chaque chose à la sienne dans l'éducation.
Elle ne nous fait pas repousser les secours d'une psychologie mieux informée ; mais elle les subordonne.
Plus profondément empreinte dans le livre de Bain, elle
eût été pour lui ce qui lui manque, ce qui manquerait
aux maîtres dont il serait toute la pensée, puis aux
élèves de ces maîtres, une idée directrice, une âme.

CHAPITRE III

JOHN STUART MILL

Stuart Mill nous intéresse doublement, par l'éducation qu'il reçut et par celle qu'il propose de donner. Il nous intéresse en outre par les différences qu'il y a entre ces deux éducations. Il est permis d'y voir le fruit de ses réflexions personnelles sur une expérience dont son être moral et sa vie entière avaient fait les frais. Stuart Mill fut en effet l'objet d'une expérience pédagogique qui réussit, puisqu'il fut Stuart Mill, et qui ne réussit pourtant qu'à moitié. Cette expérience nous est racontée par lui dans son autobiographie. Impartial observateur de lui-même, il nous livre sa personne, nous enseignant, comme s'il s'agissait d'un autre, ce que l'éducation a mis en lui, ce qu'elle n'y a pas mis. Or cette éducation avait été une éducation positiviste avant le positivisme. Car il y a un positivisme éternel dont le père de Stuart Mill, James Mill, fut un des représentants les plus accomplis. C'est donc l'épreuve d'une méthode assez analogue à celles que nous avons exposées ici que nous allons voir décrite et jugée par celui sur qui elle fut faite, positiviste lui-même. On ne nous reprochera pas au moins de choisir des exemples trop manifestement défavorables à la

thèse que nous combattons. — Quiconque ne lira que
notre table des matières s'étonnera que nous ayons
gardé Stuart Mill pour notre dernier chapitre. Nous
en avons dès maintenant assez dit pour expliquer ce
manque d'égards envers la chronologie.

I

Stuart Mill avait d'autres titres, c'est vrai, à figurer
dans cette étude. Il crut à l'éducation comme on n'y
croit plus de nos jours. On parlait moins d'hérédité et
d'évolution de son temps. Ce qu'il a dit de son père est
vrai de lui, de ce côté du moins : il est encore du dix-
huitième siècle et en a gardé les généreuses illusions.
Il pense, comme Helvétius, que tous les hommes naissent intellectuellement et moralement égaux, et qu'il
faut chercher dans les circonstances qui entourent leur
berceau puis leur enfance, dans leur éducation, en un
mot, entendue au sens le plus large, l'explication complète de tout ce qu'ils sont et de tout ce qu'ils font.
Il pense encore que les faits conscients sont des faits
réels et indépendants, régis par des lois qui leur sont
propres et dans lesquelles il est possible de voir clair.
Il n'est question avec lui ni d'inconscient, ni d'action
mystérieuse du physique sur le moral. L'éducateur qui
croit agir sur le moral de l'enfant n'agit pas sur une
ombre ni ne se dispute avec un écho. Mais ses actes,
comme ses paroles, ont une portée et sont vraiment
les éléments de ce déterminisme tout psychologique
par lequel une destinée nouvelle est orientée.

Croire à l'action de l'homme sur l'homme est bien,
mais il serait mieux encore de dire comment elle doit

s'exercer. Stuart Mill n'eût-il rien écrit à ce sujet qu'il serait encore, comme tout philosophe, et bon gré mal gré, un éducateur. Car nous savons qu'il y a dans toute philosophie certains principes d'éducation qui sont impliqués. La théorie du raisonnement, à laquelle le nom de Mill est attaché, ne doit-elle pas, par exemple, entraîner à sa suite, comme une conséquence naturelle, une éducation exclusivement empirique ? L'absolu et le nécessaire sont bannis de l'esprit humain, l'étant de toutes choses. Seuls les faits ont une valeur. Tout l'édifice du savoir humain est à la merci de l'un d'eux, et les mondes que notre expérience ne peut atteindre n'ont peut-être pas la même science que le nôtre. Un esprit ainsi dépouillé et frappé de suspicion peut-il être élevé comme on élèverait une raison dont la fécondité propre n'attend des impressions venues du dehors que l'occasion de se manifester ? Cependant le plus rude adversaire de l'ancienne logique n'en condamne pas l'emploi ; il est au contraire resté l'un de ses rares fidèles, de ceux qui pratiquent. Entre ces deux attitudes l'idée qu'il y ait quelque contradiction ne lui vient même pas à l'esprit. La valeur scientifique d'une méthode et son utilité pédagogique sont deux choses, et il se peut qu'il y ait de bonnes erreurs. C'est, dans un sens analogue, une bonne erreur que la croyance des hommes à leur libre arbitre. Elle fait ressortir la dépendance dans laquelle chacun est de lui-même. « Elle donne un sentiment plus vif de l'éducation et de la culture personnelle (1). » L'originalité de Stuart

(1) *Logique*, traduction française, t. II, p. 426. (F. Alcan) Cf. *Mémoires*, traduction, française, p. 162 (F. Alcan).

Mill consiste donc ici à reprendre d'une main ce qu'il rejette de l'autre, et à adorer pratiquement ce qu'au nom de la théorie il a brûlé. Cette préoccupation très sincère des conséquences morales d'une doctrine est curieuse chez un théoricien, dont elle n'a en rien d'ailleurs atténué le radicalisme. Comme cette doctrine est en somme celle qui avait présidé à son éducation à lui, il faut croire que sa propre expérience lui avait servi. Mais, comme il ne la modifie pas pour cela, il faut croire que ce logicien se faisait de la logique qui régit la conduite une autre idée que nous. — Voilà déjà posés les problèmes de psychologie intime que nous verrons se développer dans la suite.

II

Du moins l'éducation que Stuart Mill reçut de son père était-elle exempte de ces indécisions et de ces contradictions. C'était un homme tout d'une pièce que ce James Mill (1). Sa vie est, du commencement jusqu'à la fin, l'œuvre de deux opiniâtretés, celle de sa mère d'abord, puis la sienne. Cette mère, sortie d'une famille que la politique avait fait déchoir, avait décidé que son fils serait sa revanche, et, pour l'y préparer, lui faisait une vie à part dans l'échoppe paternelle. Il répondit par son travail à cette attente et devint de bonne heure le grand homme de cette humble famille d'ouvriers. Chacun de ses premiers pas dans la vie fut ainsi un acte de volonté, et il ne s'y fraya le chemin que l'on sait que par sa persévé-

(1) Voir sur lui Marion, *Revue philosophique*, t. XVI, p. 553.

rance. Il garda de ce long effort quelque raideur dans
l'attitude, en même temps qu'une jeunesse, dont
l'étude avait été le tout, laissait en lui un goût exclusif
pour les choses de l'esprit. Il fut bon pourtant envers
les siens, mais sans grâce. Il n'avait pas cette façon de
donner qui ajoute à ce qu'on donne, si bien qu'il
sembla toujours ne pas donner assez. Il eut des amis,
mais ses rapports avec eux et surtout avec le plus
célèbre d'entre eux, Bentham, marquent autant de
gaucherie que de scrupuleuse délicatesse. On l'a dit
avec finesse : « Ses affections avaient toujours quelque
chose de général et en quelque sorte d'abstrait. Il
aimait ses amis d'une sympathie esssentiellement
intellectuelle, et surtout pour les services rendus par
eux à la cause commune. Il leur était fidèle par logique
autant que par tendresse (1). »

Est-ce par logique ou par tendresse qu'il entreprit
de diriger l'éducation de Stuart Mill ? Les soins qu'il y
donna étaient tout au moins conformes à l'idée qu'il
se faisait de leur importance et de leur efficacité. Il est
lui-même en effet l'auteur d'un *Essai sur l'éducation*.
Il y professait sur la plasticité de notre nature et partant sur l'art de façonner les esprits, des théories qui
furent plus tard celles de son fils, et qui résultent de
leur psychologie commune. Leurs morales ont aussi
un air de famille, et il propose comme fin unique de
l'éducation de faire de l'homme un instrument de bonheur pour lui et pour les autres (2). Il avait écrit en
outre, à propos de la vie de Reid par Stewart, quelques

(1) Marion, *loc., cit.*, p. 586.
(2) Bain, *James Mill. A biography*, p. 247.

lignes qui pourraient servir d'épigraphe à l'autobiographie de son fils : « Combien n'importe-t-il pas à la science de l'éducation, à la connaissance des moyens propres à communiquer l'excellence intellectuelle et morale, de savoir dans le plus extrême détail quels moyens ont été effectivement mis en œuvre pour produire les grand talents et les grands caractères qui ont apparu dans la réalité (1) ? »

Voyons donc quels moyens il mit lui-même en œuvre. Cet homme qui semblait avoir réduit pour son usage le nombre des facultés de l'âme à deux, l'intelligence et la volonté, voulut élever son fils à son image. L'éducation que nous donnons n'est-elle pas ainsi le plus souvent une manifestation et comme un prolongement de notre caractère propre ? Jamais culture plus intensive, comme on dirait de nos jours, ne fut donnée à un esprit. Ce travailleur, qui savait le prix du temps, eut à tâche de n'en point laisser perdre à son fils. Et la première leçon qui, selon Stuart Mill, ressorte de l'éducation qu'il a reçue, est qu'on ne sait pas assez tout ce qu'on peut faire tenir dans le début de la vie. « Cette éducation, quels qu'en aient pu être les fruits, a pour le moins démontré qu'il est possible d'enseigner et de bien enseigner beaucoup plus de choses qu'on ne pense durant ces premières années de la vie, dont les procédés vulgaires qu'on décore du nom d'instruction ne tirent presque aucun parti (2). » — A trois ans donc Stuart Mill commence le grec. Avant huit ans, il aura lu les *Histoires* d'Hérodote et les *Entretiens mémora-*

---

(1) Marion, *loc. cit.*, p. 565.
(2) *Mémoires*, p. 1-2.

bles de Xénophon. Il avoue qu'à sa première lecture
(il avait sept ans) il comprit peu le *Théélète*. Les leçons
dé la journée étaient consacrées à l'étude des langues ; le
soir appartenait à l'arithmétique. Le jeune Stuart Mill
apprenait seul l'histoire ; mais il rendait compte de
ses lectures à son père dans des promenades quotidiennes. C'étaient là ses récréations. A huit ans seulement, il se met au latin, mais il l'enseigne à une sœur
cadette en même temps qu'il l'apprend, tour à .tour
maître et élève. Il connaît bientôt toute la littérature
latine, plus l'algèbre et la géométrie. Son père, qui a
oublié le calcul différentiel, exige qu'il l'étudie sans
autre secours que celui des livres et admet difficilement
qu'il hésite devant un problème. Les sciences expérimentales, sans expériences d'ailleurs, et vues aussi au
travers des livres, n'en constituent pas moins une des
distractions de cet enfant prodige. « Il dévore (*sic*) les
traités de chimie. » A onze ans, il écrit une histoire
romaine. — Enfin voici douze ans : il est temps d'en
faire un logicien. Il n'est pas d'étude à laquelle Stuart
Mill se soit livré avec plus de goût, ni d'où il ait retiré
plus de profit, s'il faut l'en croire, que cette logique
abandonnée de nos jours. Sur ce point du moins son
père et lui furent des conservateurs. « La première
opération intellectuelle où je fis des progrès, écrit-il,
ce fut la dissection d'un mauvais argument et la recherche du gîte de l'erreur ; toute l'habileté que j'ai acquise
en ce genre, je la dois à la persévérance infatigable
avec laquelle mon père m'avait dressé à cette gymnas-
tique intellectuelle, où la logique de l'école et les habitudes d'esprit qu'on acquiert en l'étudiant, jouaient le

principal rôle (1). » Les dialogues de Platon sont alors
sa lecture favorite, et il est permis de croire qu'il leur
dut en partie, non le fond de ses idées, mais ses procédés de recherche et de discussion, et ce talent de
dialecticien qu'il posséda lui aussi au suprême degré.
Ce qui le séduit en effet dans le Platon, c'est cet art
d'interroger qui dissout les généralités dont nous nous
contentions, et nous met en demeure de distinguer, de
définir et de préciser. Prendre Platon de ce côté était
d'ailleurs, de la part d'un esprit de douze ans, la marque d'une vraie vocation. — La science qui fut avec la
logique sa science préférée, l'économie politique, apparaît l'année suivante dans son éducation. On voit par
là quelle direction il reçut de cette éducation, puisqu'il
devait continuer sa vie durant les deux études auxquelles elle l'avait mené, et sur lesquelles, pour ainsi dire,
elle l'avait laissé. Le livre de Ricardo, qui parut à cette
date, avait été pour James Mill l'occasion d'initier son
fils à une science qui n'avait pas sa place marquée dans
les programmes ordinaires. A quatorze ans ses classes
sont terminées, et même il a appris des choses qu'on
à le tort, selon son père, de croire les hommes seuls
capables d'apprendre. Il a dès lors, sur ses contemporains, comme il le dit lui-même, une avance d'un
quart de siècle.

Alors commence ce qu'il appelle son éducation par
lui-même, mais qui ressemble fort à celle qu'il recevait.
Ce sont, avec la même hâte fébrile, les mêmes études
et les mêmes lectures. Stuart Mill ne sort guère d'un

(1) *Mémoires*, p. 18.

même cercle d'auteurs et d'idées, allant de Locke à
Helvétius, et d'Helvétius à Hartley, Enfin il fait connaissance avec la philosophie de Bentham. « Je fus
transformé, » nous dit-il (1). Il exagère. Mais il avait
trouvé un système qui encadrait ses propres idées et les
lui expliquait mieux. Or nous nous sentons toujours de
la reconnaissance envers les gens qui nous donnent raison à nos propres yeux. A la même époque il organise
une société de jeunes gens désirant s'exercer à la discussion orale, et l'appelle la société *utilitaire*, se servant
pour la première fois d'un mot qui fit fortune. Cette
société était en même temps un moyen d'éducation mu-
tuelle et un centre de propagande pour les idées de son
jeune leader. A seize ans enfin, il écrit dans les jour-
naux et les revues, en attendant qu'il en dirige et
qu'il en fonde.

Quel admirable esprit de suite a conduit toute cette
éducation, et comme elle semble avoir été faite pour
produire le genre de philosophie et le genre de talent
qui furent ceux de Stuart Mill ! Elle n'est, d'un bout à
l'autre, que l'éducation de l'esprit d'analyse et de raisonnement. Cela ne ressort pas seulement des matières
du programme, mais de la façon dont chacune est enseignée. James Mill s'efforce de tout faire trouver à son
fils par lui-même (2), et lui donne dans sa jeune raison
une foi presque exorbitante. Suivant en cela le conseil
de Locke qui recommande de discuter avec les enfants,
il lui expliquait le pourquoi de tout ce qu'il exigeait

(1) *Mémoires*, p. 63.
(2) *Ib.*, p. 27.

dè lui (1). Quoi d'étonnant dès lors si ce jeune homme
si raisonnable paraît parfois trop sûr de lui. Non qu'il
s'en fasse vraiment accroire. Son père avait prévenu
tout accès de vanité en le rudoyant et en lui donnant
toujours à penser qu'il ne le satisfaisait qu'à moitié.
Mais il dispute sur tous et contre tout. On ne lui a pas
enseigné, tant son éducation a été exclusivement intellectuelle, que les erreurs des gens âgés ont droit à des
égards, et sa dialectique ignore le respect.

Ce qui le fait si différent des autres, ce n'est pas seulement tout ce que son extraordinaire éducation a mis
en lui, mais tout ce qu'elle n'y a pas mis. Stuart Mill
n'eut pas à rejeter de croyance religieuse; il n'en posséda jamais. Tout enfant, on lui apprit à considérer les
religions modernes du même œil que les religions an-
tiques. Il ne nous faudra donc pas voir dans les pages
qu'il écrira plus tard sur la religion le souvenir pieux
d'une foi disparue. D'autre part il n'eut jamais le fanatisme des impies de fraîche date. C'est en cela surtout
qu'il fut et qu'il resta sur ses contemporains en avance
d'une pleine génération.

Avec un égal parti pris, son père bannit toute forme
de sentiment de son éducation. Cet homme faisait profession de ne s'intéresser qu'aux idées. Il prenait pour
un signe de folie toute émotion un peu vive, et regar-
dait la sentimentalité de notre siècle comme une aber-
ration de la moralité. Il aimait pourtant ses enfants à
sa manière. L'esprit de système n'eût pas suffi à la
tâche paternelle qu'il s'était donnée, si l'affection ne

(1) *Mémoires*, pp. 14 et 17.

s'y était jointe. Père et fils travaillaient à la même table, l'un à côté de l'autre ; et pendant que James Mill écrivait son *Histoire des Indes*, son fils, qui faisait ses devoirs de grec et n'avait pas de dictionnaire, l'interrompait à chaque instant pour lui demander le sens d'un mot. « On jugera par ce seul trait, dit Stuart Mill, de ce qu'il s'imposait à lui-même pour m'instruire (1). Une fois il fut assez malade pour craindre de mourir. « Mon plus grand chagrin, écrit-il à Bentham après sa guérison, eût été de laisser inachevée l'éducation de ce pauvre enfant (2). » Mais il dissimulait cette affection, obéissant, à cette pudeur tout anglaise qui réprime la manifestation des sentiments intimes, et aussi parce que cela faisait partie de sa méthode et de l'attitude de professeur impassible qu'il voulait garder. Il paraît qu'avec ses enfants plus jeunes il se laissa aller davantage. Mais Stuart Mill est forcé de discuter avec lui-même pour se prouver que son père l'aimait.

III

Que de choses nous aurions à reprendre dans cette éducation, qui donne d'ailleurs une si haute idée de celui qui l'a entreprise ! Nous l'avons déjà dit, il était du dix-huitième siècle, et du dix-huitième siècle avant Rousseau. Son esprit autoritaire ne faisait pas à la nature sa part. Il ne semble pas s'être douté que son fils eût un corps ni qu'il y ait une limite aux forces humaines. Il le « surmenait » sans répit et sans remords. Pendant un séjour que Stuart Mill fit en France

(1) *Mémoires*, p. 5.
(2) Marion, *loc. cit.*, p. 581.

vers sa quinzième année, il s'essaya aux exercices physiques, s'y trouva naturellement maladroit, et y re-
nonça. Or il fut toute sa vie d'une santé délicate. Son
biographe et ami Bain n'hésite pas à en rendre son éducation responsable (1). — Cet enfant ne joua jamais,
cet enfant ne connut pas d'enfants. Ses camarades à lui
furent Jérémie Bentham, qui avait soixante-quinze ans
et Ricardo, qui en avait quarante. Son père ignorait
ce principe de la pédagogie moderne, qu'il faut laisser
l'enfance mûrir dans l'enfant. Ce n'est pas lui non
plus qui eût jamais consenti à ce précepte de Rousseau
qu'il faut « savoir perdre du temps dans l'éducation. »
C'était un homme pressé, et il n'eût pas compris ce
que l'esprit peut gagner à être parfois laissé en liberté,
et même en friche. Il est une autre règle de notre pédagogie qu'il viole avec conviction, celle qui dit qu'il
faut tenir l'esprit de l'enfant au-dessus de son ouvrage
et mesurer nos exigences à ses moyens. Il pensait au
contraire que celui à qui on ne demande jamais ce
qu'il ne peut pas faire ne fait jamais tout ce qu'il
peut (2). — Qu'eût été Stuart Mill s'il se fût développé
plus librement, s'il eût reçu une éducation plus mé-
nagère de ses forces, plus respectueuse de sa sponta-
néité ! Bien téméraire qui oserait prétendre qu'elle eût
mieux valu pour lui et en définitive son père pourrait
nous faire honte de nos critiques en se contentant de
nous montrer son ouvrage, Stuart Mill a d'autre part
droit à tant de respect que, pour que nous osions reprendre quelque chose à cet ouvrage, il nous faudrait

(1) Bain. *J. S. Mill, A criticism.*
(2) *Mémoires*, p. 30.

l'avoir avec nous contre lui-même. Interrogeons donc ses sincères confidences.

Stuart Mill fait cette remarque, en se l'appliquant, que les enfants de parents énergiques manquent d'énergie, parce que leurs parents ont pris l'habitude de toujours vouloir pour eux. Et il laisse entendre que son père n'avait pas réfléchi, suffisamment dans son ardente préoccupation des progrès intellectuels de son fils, à son éducation morale (1). Cette éducation morale pécha d'une autre manière. Nous avons vu à quel point James Mill avait peur de la sentimentalité ; il éleva donc son fils comme s'il n'était qu'une intelligence, et leurs rapports furent tout intellectuels, et tels ils semblent être restés toujours. Stuart Mill parle dignement de son père, avec un exact sentiment de ce qu'il lui doit, quoique les *Mémoires* aient paru à leurs premiers lecteurs avoir été écrits pour rendre surtout hommage à une autre influence, celle de Mme Taylor (2). Il rend justice à la droiture de son caractère, à la fermeté de son esprit. Mais il le fait presque comme s'il s'agissait d'un étranger, et avec trop d'impartialité. Puis on souffre de voir le fils et le père s'éloigner l'un de l'autre pour de simples divergences d'idées philosophiques ou économiques. Au moins ce sont les seules que Stuart Mill avoue. Et, quand James Mill meurt, on trouve un peu froide cette oraison funèbre d'un fils qui eut un tel père : « Le coup qui me privait du secours de mon père me délivrait aussi de la contrainte

(1) *Mémoires*, pp. 34-35.
(2) Bain, *loc. cit.*

et des réticences dont j'avais dû le payer (1). » Dans toutes les amitiés de Mill, on ne peut s'empêcher de remarquer aussi, quoique pour les hommes de pensée il en soit souvent de même, que les opinions ont trop de part. Il s'attache à ceux qui pensent comme lui. Ses amis sont des collaborateurs, et il rompt quand sur un auteur ou une idée il n'est plus d'accord avec eux.

C'était pourtant une âme ardente, avide de se donner à quelque chose ou à quelqu'un, et il arriva qu'il laissa un jour déborder les économies de tendresse qu'on ne lui avait pas appris à dépenser. Ce fut la revanche de sa faculté d'aimer. Quelle opinion faut-il se faire de ce sentiment qui lui aliéna tant de gens, et de celle qui en fut l'objet, et jusqu'à quel point un père plus tendre eût-il lutté avec plus d'avantage contre ce que James Mill ne réussit pas à empêcher, ce sont là questions aussi indiscrètes qu'insolubles, et nous renverrons ceux dont elles piqueraient la curiosité aux commérages de Bain, qui oublie ici qu'avant d'être le biographe de Stuart Mill il avait été son ami. Si Stuart Mill n'avait fait à Mme Taylor une telle place dans ses *Mémoires* qu'on ne pouvait passer sous silence ce qui la concerne, nous aurions même évité de poser tous ces points d'interrogations, tellement la part de responsabilité qui incombe à l'éducation en ces sortes de rencontres est insaisissable, tellement même il serait déplacé d'insinuer qu'il y a en tout ceci matière à responsabilité pour qui que ce soit. Aussi bien n'est-ce pas de cette partie de la vie de Stuart Mill que nous

(1) *Mémoires*, p. 196.

voulons tirer un argument contre l'éducation qu'il reçut. Ne nous sommes-nous pas engagé d'ailleurs à ne demander qu'à lui-même des arguments de ce genre ?

Ce fut dès sa vingtième année que se manifesta en lui la crise morale qu'il raconte avec une sincérité tragique. Bain nous apprend que cette crise morale fut en même temps une crise de santé. Mill n'en dit rien. Et d'ailleurs sa santé n'expliquerait pas le genre d'angoisse dont il souffrit, et n'aurait été ici qu'une cause occasionnelle. A vingt ans, il a déjà beaucoup vécu, c'est-à-dire beaucoup pensé et beaucoup écrit. Il a cru réformer le monde et un jour cette question se dresse devant lui : A quoi bon ? « Suppose que tous les objets que tu poursuis dans la vie soient réalisés, que tous les changements dans les opinions et les institutions, dans l'attente desquels se consume ton existence, puissent s'accomplir sur l'heure : en éprouveras-tu une grande joie, seras-tu bien heureux ? — Non ! me répondit nettement une voix intérieure que je ne pouvais réprimer. Je me sentis défaillir ; tout ce qui me soutenait dans la vie s'écroula (1). » Il n'a personne à qui confier sa peine. S'il avait aimé assez quelqu'un pour en faire son confident, il n'éprouverait pas cette sensation de vide qui l'oppresse (2). Il use même d'une pieuse dissimulation envers son père, pour qui c'eût été une douleur de constater cet échec de tous ses soins. Ce qui met le comble à sa souffrance, c'est de sentir qu'il n'y a rien en elle d'intéressant ni de respectable ; car il souffre d'une vie sans affection, sans intérêt et qui ne lui paraît

(1) *Mémoires*, pp. 127-128.
(2) *Ibid.*, p. 130.

pas digne d'être vécue. Son égoïsme est à la racine même de son mal. L'analyse a ruiné tous les sentiments qui étaient en lui, et, impuissant à les faire renaître il n'a plus qu'un désir, et ne réussit point à le satisfaire, c'est de désirer quelque chose. Sa misère morale est la conséquence de l'abus qu'il a fait de la pensée. Une partie de son être, dans son développement hâtif et exclusif, a étouffé toutes les autres. Sa maladie est une hypertrophie de l'intelligence. — Cette maladie s'est répandue depuis Stuart Mill. Elle a été la maladie à la mode. Comme elle semblait donner un brevet de haute culture, on a feint d'en souffrir quand on n'en souffrait point. Stuart Mill en a honte. Cela marque la différence des temps.

Il en guérit d'une façon qui lui fait honneur. Il lisait les mémoires de Marmontel et tomba sur le passage où Marmontel raconte la mort de son père, et que, dans la détresse de sa famille, il lui apparut à lui, simple enfant, qu'il devait être tout pour les siens et remplacer ce père qu'ils avaient perdu. Son âme vibra à l'unisson de ce jeune héroïsme et il pleura. Il était sauvé. L'idée de ce grand devoir qui traversait la vie d'un autre avait dissipé les nuages dont la sienne lui semblait enveloppée, et il ne doutait plus maintenant qu'il y eût des vies bonnes à quelque chose. Une rencontre heureuse avait ainsi fait jaillir de son âme les sentiments généreux que l'éducation avait négligé d'y allumer.

Toutes ses opinions subirent le contre-coup de cette crise. Il reste utilitaire, mais utilitaire honteux. Le bonheur est un but, mais qu'il ne faut pas poursuivre sous peine de le manquer (1). C'est en cherchant autre chose qu'on cueille des joies chemin faisant. Mais il faut n'y pas penser pour les mériter. — De même il ne change rien à sa psychologie. Mais ses analyses ont perdu de leur indifférence. L'expérience par laquelle il vient de passer lui a fait retrouver son moi que la pensée pure avait dissous. Il n'est plus l'être abstrait qu'il était. Ce cœur humain qu'il a tant souffert un moment de ne plus sentir battre dans sa poitrine, lui apparaît comme ce qu'il y a de plus digne de notre culture et de notre sollicitude. Pour sa part il cherche des émotions de côté et d'autre, dans la nature, dans la musique, dans la poésie, de quoi combler le vide moral où il s'est débattu. Il trompe, comme il peut, sa faim d'idéal. — Nous retrouvons dans le livre récent de Lubbock (2) ce sens pratique, cette habileté à tirer parti de tout pour le bonheur et à conclure avec l'idéal des arrangements, cette science anglaise du confort en un mot appliquée à la vie de l'âme. — C'est à la même époque que Stuard Mill s'éprend de Wordsworth, jusqu'à se brouiller avec un ami qui ne partage pas son nouveau culte. — En économie politique, comme en psychologie, ses doctrines essentielles ne subissent aucune atteinte. Il se sent toutefois des sympathies pour les écrivains socialistes qu'il n'avait pas encore éprouvées (3). Elles réapparaîtront à d'autres moments de sa vie, sans qu'il leur donne davantage la forme d'une conception théorique. Son socialisme n'a jamais consisté, semble-

(1) *Mémoires*, p. 136.
(2) *Le Bonheur de vivre* (F. Alcan).
(3) *Mémoires*, p. 156 et sqq.

t-il, qu'à traiter plus humainement des choses humaines, en mêlant à la constatation des lois économiques quelque pitié. Les écrits d'après la crise n'en ont pas moins un tel accent que Carlyle, prompt à se trouver des disciples, crut avoir affaire à un mystique et lui fit des avances. Il fallut qu'en toute honnêteté Stuart Mill lui adressât une profession de foi pour le détromper.

IV

Ne nous figurons pas d'ailleurs assister aux suites passagères d'une crise passagère. C'est la vie entière de Mill qui a été renouvelée. Jusqu'ici il semblait trop n'être que le fils de son père (1). Ses idées empruntent aux influences nouvellement survenues un tour nouveau, plus personnel. Il s'achève et devient lui-même. Tel en effet il demeura jusqu'au bout. C'est même dans le dernier de ses écrits, plus que dans tous les autres, c'est dans l'*Essai sur le Théisme* que nous rencontrons ce sentiment vif de certains besoins de l'âme qui longtemps auparavant l'avait fait prendre pour un mystique. La conclusion de cet Essai n'est pas l'athéisme, mais ce que nous appelons aujourd'hui l'agnosticisme. Ce n'est pas une négation, c'est un peut-être. Cette attitude philosophique, cette suspension du jugement est d'ailleurs conforme au premier enseignement positiviste. Mais Stuart Mill ne s'en tient pas là. Il est sage, poursuit-il, de tirer parti des probabilités qui nous restent, et de laisser notre imagination aller librement du côté où elle trouve la solution qui la console (2).

(1) *Mémoires*. p. 148.
(2) *Essais sur la religion*, trad. franç., p. 230 et suiv. (F. Alcan).

L'homme a le droit d'espérer, et partant il en a presque le devoir. Car non seulement ses espérances l'enchantent, elles donnent un prix à sa vie et une règle à sa conduite. Croyez donc, ou du moins rêvez à un être moralement parfait que vous vous efforcerez d'imiter et auquel vous vous efforcerez de plaire. Ces rêves sont raisonnables puisque n'étant en rien d'ailleurs contraires à la raison, ils sont doux et fortifiant. Leur utilité fait leur légitimité (1).

Allons plus loin encore. Quoique l'existence d'une révélation soit chose aussi douteuse que l'existence même de Dieu, dans le Christ s'est tout de même incarné pendant des siècles l'idéal humain de la perfection. Et ces siècles ont senti se répandre sur eux les bienfaits de l'enseignement et de l'exemple venus de Nazareth. Ne renonçons pas légèrement à un pareil héritage. Quelques arguments que la critique rationnelle amasse contre la religion, la religion est bonne pour d'autres raisons que celle de la raison, et mérite qu'on lui fasse crédit. Dans la religion de nos pères du moins faisons un triage, de façon à garder ce qu'elle contenait d'excellent et de savoureux, le sentiment religieux lui-même. Soyons sceptiques, mais des sceptiques pieux. N'abandonnons rien des droits de l'esprit. mais soyons ménagers en même temps de tout ce qui a contribué et peut contribuer encore à notre bien-être moral.

Quelle leçon ressort de ces pages éloquentes, surtout si nous nous rappelons que celui qui les a écrites n'a

(1) Voilà donc St. Mill ancêtre des pragmatistes.

reçu aucune éducation religieuse, dont l'influence persistante soit pour lui une douce obsession ! Mais c'est
justement l'insuffisance morale de son éducation qui le
force à chercher un appui, dût-il ne s'appuyer que sur
une ombre. Et celui qui a fait cette expérience personnelle d'une éducation sans Dieu, et qui en tire ces conclusions, est un maître de l'observation intérieure, en
même temps que l'esprit le plus libre et le plus sincère.

Quant au compromis auquel il s'arrête, beaucoup
ne s'en contenteraient pas. Notre esprit français s'est,
jusque en ces derniers temps du moins, montré rebelle
à ces combinaisons de sentiments contradictoires. On
n'en peut dire autant de l'esprit anglais. Tandis que
nous allons jusqu'au bout de nos négations, ou trans-
formons au contraire en preuves authentiques les aspirations de notre cœur, nos voisins ont toujours été des
novateurs respectueux des choses morales, ce qui a en
même temps protégé leurs doctrines contre toute réaction violente du sentiment. Si Stuart Mill se sépare
sur ce point de la tradition paternelle, c'est pour
rejoindre la tradition des plus grands penseurs de son
pays. Celui dont il a été le continuateur, David Hume
prétend philosopher aussi hardiment qu'il lui plaît sans
aucun dommage, ni pour la morale, ni même pour la
religion. Darwin a bien eu la même prétention, et il y a,
paraît-il, de l'autre côté de la Manche, des darwinistes
fort dévots. M. Taine, justement à propos de Mill, a
bien défini l'âme anglaise en disant que l'esprit religieux et l'esprit positif y vivent côte à côte (1).

(1) *Histoire de la littérature anglaise*, liv. V, ch. v, § II, 1.

Ce n'est donc pas un problème, comme nous le
croyions d'abord, que la coexistence dans l'âme
de notre philosophe du scepticisme et du sentiment
religieux, ou du moins c'est un problème que ses
contemporains résolvent chaque jour. La présence en
lui de ce sentiment garde' toutefois une signification
particulière, puisque non seulement l'éducation ne l'y
avait pas mis, mais qu'il y est entré malgré elle. Il est,
avec d'autres sentiments, né de la souffrance qu'une
âme sincère a éprouvée de ne le posséder point. Il s'est
fait lui-même la place qu'on ne lui avait point faite.

V

Il nous reste à parler d'un programme d'éducation
dont Stuart Mill est l'auteur. Président élu de l'université de Saint-André, en 1867, il devait un discours. Il
traita de l'Instruction moderne (1). Il y a beaucoup de
choses dans ce discours. On peut même dire que tout
y est, puisqu'il passe en revue toutes les matières
enseignées dans une université, et fait ressortir l'utilité
de chacune d'elles. Mais tout n'y est pas sur le même
plan. Stuart Mill prend nettement parti dans beaucoup
de discussions qui sont encore les discussions d'aujour-
d'hui. De là un intérêt de plus pour ce discours d'ailleurs
si intéressant, un intérêt d'actualité.

C'est d'abord l'importance de la culture générale
hautement proclamée. Le but des universités, selon
Stuart Mill, n'est pas de former des avocats, des ingénieurs, mais des hommes instruits. Les hommes sont

(1) Ce discours a été traduit dans la *Revue des Cours littéraires*, quatrième année, nos 33, 35 et 36.

hommes avant d'être quelque chose et, si vous en faites
des hommes sensés et capables, ils deviendront par
cela même des avocats et des ingénieurs capables et
sensés. L'éducation fera d'un homme un cordonnier
plus intelligent que les autres, si tel doit être son état,
non pas en lui apprenant à faire des souliers, mais en
exerçant son esprit, en lui imprimant certaines habitudes. Ce sont là des vérités éternelles, mais aussi
utiles à répéter aujourd'hui qu'il y a vingt ans, plus
utiles peut-être.

Il est toutefois une question contemporaine que
Stuart Mill n'a même pas soupçonnée, c'est la question
de surmenage. Sur ce point non plus son expérience
personnelle ne l'a point instruit. Il a une façon à lui
de résoudre le conflit des lettres et des sciences qui ne
lui impose aucun choix et ne lui coûte aucun sacrifice.
De mauvaises méthodes et un mauvais emploi du temps
sont cause, d'après lui, qu'elles en sont réduites à se
disputer un temps qui pourrait suffire aux unes et aux
autres. C'est se faire une idée misérable de l'esprit humain que de croire sa puissance d'apprendre ainsi
bornée. Et à mesure que les connaissances s'étendront,
resteront-elles pour la plupart comme non avenues,
chacun ne cultivant que son petit coin de jardin, et les
hommes devenant ainsi de plus en plus étrangers les
uns aux autres? Des spécialistes mis à côté les uns des
autres ne forment pas un public éclairé.

Comme ce sont les études classiques qui courent le
plus grand risque dans cette lutte pour la vie engagée
entre les différents types d'éducation, ce sont elles que
Stuart Mill s'attache surtout à défendre. Un Anglais

aurait pu se croire tenu à moins de tendresse envers
l'antiquité gréco-latine qu'un Français, par exemple,
lui devant moins, ayant tiré d'ailleurs sa langue et son
esprit national. Mais Stuart Mill a une dette particulière envers ceux qui ont été les maîtres de sa propre
pensée. Sur ce point il est fidèle à son éducation. Il en
plaide la cause avec une chaleur de conviction et une
fécondité d'arguments qui mettent son plaidoyer parmi
les meilleurs qu'ait jamais suscités cette question du
latin. Et pourtant nous ne nous rappelons pas que son
nom ait été cité, ni son autorité invoquée, en France
tout au moins, depuis que cette polémique a recom-
mencé de nous occuper. — Stuart Mill pose d'abord ce
principe devenu classique, c'est que toute instruction
d'un degré un peu élevé suppose la connaissance d'une
langue et d'une littérature étrangères. La pratique de
la version nous force à détacher nos idées de nos mots,
à les considérer en elles-mêmes, à faire le tour de chacune d'elles. Puis il est bon de connaître quelque chose
de différent de soi. Regardez ce jeune homme qui ne
s'est jamais éloigné de son cercle de famille, il ne
soupçonne pas l'existence d'autres opinions, d'autres
façons de penser que celles des siens, ou les rejette avec
horreur comme des monstruosités. Nous sommes me-
nacés d'une étroitesse d'esprit analogue si nous ne sortons pas de notre littérature nationale. Or les littératures grecque et latine sont juste à la distance de nous
qu'il faut pour ce genre de comparaison. Les littératures contemporaines sont trop près, l'Orient est trop
loin. Mais pour que cette comparaison soit fructueuse,
c'est dans le texte qu'il faut lire les anciens. Nous n'a-

vons autrement que des à peu près de pensée. Au contraire les textes grecs et latins nous mettent en contact avec l'antiquité et nous donnent, par le parfum qu'ils exhalent, les meilleures leçons d'histoire. Car on ne comprend jamais tout à fait l'histoire d'un peuple dont on ne sait pas la langue.

En même temps les deux grammaires grecque et latine ont quelque chose d'éternel, étant l'analyse même des procédés de l'esprit. Dans aucune autre les formes du discours ne s'adaptent ni ne se subordonnent aussi exactement aux formes de la pensée. Elles seules sont ainsi faites qu'une faute de logique est aussitôt soulignée et accusée par une faute de langue. Elles seraient donc à elles seules une discipline. — Il y a de l'éternel, en un autre sens et plus élevé, dans la pensée antique. Nous avons poussé plus loin que les anciens l'étude des sciences, mais il y a une science que nous leur devons tout entière, c'est la science de la vie, c'est cette sagesse, ce bon sens répandu dans tous leurs écrits, morale immuable qu'ils ont les premiers et pour toujours exprimée. Nous leur devons encore l'art de penser, c'est-à-dire de voir clair dans nos idées et de n'accepter qu'à bon escient celles qui nous viennent d'autrui, ce libre examen en un mot pratiqué supérieurement par Platon et par Aristote. — Ils sont enfin les maîtres inimitables de la composition et du style. Nous avons un fond d'idées plus riche; mais ils ont donné aux leurs une forme définitive, ce que nous n'avons fait pour aucune des nôtres. Leur procédé est simple, c'est de n'employer aucun mot qui n'exprime une idée. Mais combien cette simplicité est difficile à atteindre, combien il est long d'être court ! Or nous écrivons vite pour un public qui lit vite. Mais nous écririons plus mal encore si le souvenir de ces modèles ne hantait nos esprits. La perfection qu'ils nous ont fait connaître reste pour nous comme un remords et comme un attrait. — Ainsi la grammaire, ainsi la pensée, ainsi le style des anciens, exercent sur nos esprits modernes un triple bienfait.

Après l'éloge des lettres, l'éloge des sciences. Il est sincère, mais un peu pâle, si on le rapproche des pages enthousiastes que Spencer a écrites sur le même sujet, ou plus récemment M. Berthelot. Il est des choses, nous dit Stuart Mill, qu'il est convenable de savoir. Et pour les choses qu'on ne sait pas, il faut savoir où trouver les renseignements dont on peut un jour ou l'autre avoir besoin. Mais ce sont là les arguments accessoires. Le vrai rôle des sciences dans l'éducation est d'être éducatrices. Elles sont l'école du raisonnement et de l'observation. On a tout dit sur le sens de la vérité et de l'enchaînement des vérités que nous donnent les mathématiques. On estime en revanche qu'il n'y a pas besoin d'apprendre à observer, alors que l'organisation et l'interprétation des expériences demandent pourtant l'art le plus circonspect. Que de préjugés croient s'appuyer sur l'observation ! Parmi les généralisations des politiques, combien sont des inductions téméraires ! Nous avons donc de bonnes leçons de méthode à demander aux sciences expérimentales.

Mais ni les sciences, ni les mathématiques ne donnent, laissées à elles-mêmes, de pareilles leçons.

« Nous aurons beau entendre des raisonnements justes
et voir d'habiles expériences toute notre vie, la simple
imitation ne nous apprendra pas à en faire autant ; il
faudra pour cela observer avec une sérieuse attention
comment on les a obtenus. En d'autres termes, la
logique est l'interprète nécessaire des sciences déduc-
tives comme des sciences inductives. C'est elle qui
extrait des unes et des autres ces leçons dont nous par-
lions. Elles n'ont de valeur pédagogique que par elle.
De telle sorte que c'est à démontrer l'utilité de la
logique qu'aboutit cette démonstration de l'utilité des
études scientifiques. Cette conclusion ne nous surprend
pas, venant de Mill. Elle est pourtant aux antipodes du
positivisme pour qui les sciences suffisent à donner de
fortes habitudes de pensée. Et nous prendrions volontiers ici le parti du positivisme contre Mill qu'égare à
son tour un véritable fanatisme pour ses études pré-
férées. Même sans la logique qui exprime de chaque
science, pour les mieux mettre à notre portée, les règles
de la méthode, la discipline intellectuelle qui résulte
de la pratique inconsciente de ses règles a une action
plus lente, plus obscure, mais réelle. Il ne faut donc
pas croire que l'étude des sciences soit stérile pour
l'esprit parce que d'autres ont cru qu'elle était la seule
féconde.

Entre toutes les sciences, celles-là du moins, selon
notre auteur, doivent nous intéresser, qui ont l'homme
pour objet, la physiologie dans ses vérités les plus
générales et la psychologie. Mais l'Écosse est la terre
d'élection de la psychologie, et Stuart Mill n'a, parmi
ses auditeurs, personne à convaincre. Il insistera davan-

tage sur ces autres sciences humaines : les sciences
sociales. Sans doute il n'y a pas ici (au temps où parle
Mill surtout) de conclusions définitives qu'une génération puisse léguer à la génération qui la suit. Il
n'en importe que plus peut-être de mettre chacun à même de penser par lui-même. L'histoire,
que Stuart Mill prise peu en elle-même, reprend ici
tous ses droits, à condition que le professeur s'attache
moins au fait qu'au « sens des faits ». Son enseignement
sera scientifique, s'il est, au lieu d'un récit, un enseignement de différences et de ressemblances, un enseignement de lois. — Après l'histoire ainsi entendue
viendra une sorte d'instruction civique, qui compren-
dra l'étude des institutions nationales, et au moins un
aperçu des institutions des pays anciens. L'écono mie
politique, qui de toutes les sciences politiques est celle
qui ressemble le plus à une science; — la jurisprudence,
entendez par là la connaissance des principes généraux
des lois, des nécessités auxquelles les lois sont tenues
de répondre, des traits communs à toutes les législa-
tions, et aussi de leurs différences essentielles ; — le
droit international enfin, qui n'est qu'une partie de la
morale, compléteraient ce programme d'une éducation
qui n'est pas, mais qui devrait être celle de tout citoyen
d'un pays libre. M. Fouillée a tracé un programme
d'études sociales analogue à ce programme de Mill,
et ce n'est certes pas un argument à dédaigner que
celui qui résulte de la rencontre de ces deux esprits.
Notre éducation n'a-t-elle pas le devoir, en effet, de
s'adapter à nos mœurs politiques et de nous intéresser
au moins aux questions que demain notre bulletin de

vote tranchera ? — C'est à un autre de nos maîtres, à
M. Ravaisson, et à ses idées sur le rôle de l'art dans
l'éducation, que Stuart Mill va nous faire penser tout
à l'heure, tellement nous avions raison de dire que son
discours est encore *actuel*.

Il reste en effet que les universités contribuent à
l'éducation proprement dite, à la culture des sentiments
et de la volonté. Elles y contribuent, pour ce qu'il y a
d'intellectuel dans cette culture, par l'enseignement
moral, que Stuart Mill voudrait d'un dogmatisme
moins jaloux et plus sympathique à tous les systèmes
qui ont apporté quelque chose à la conscience humaine,
par l'enseignement religieux qu'on devrait donner à
l'élève, non comme si sa religion était choisie d'avance,
mais comme s'il devait la choisir lui-même (et Stuart
Mill parle devant bon nombre de futurs pasteurs), enfin
par l'enseignement esthétique. Mettre l'enseignement
esthétique au même rang que l'enseignement moral et
religieux, voilà, surtout en Angleterre, une nouveauté.
Ce mot « les beaux-arts » n'y éveillait en effet, au dire
de Stuart Mill, qu'une idée de frivolité (1), et c'est tardivement qu'on y a consenti à dire l'Art, comme on dit
la Science, et à reconnaître en lui une puissance sociale,
un agent de civilisation et d'éducation. Le commerce et
le puritanisme ont à eux deux produit cet effet de
rétrécir l'âme anglaise. De là aussi le genre de vertu
qui est propre à cette race. Elle s'acquitte du devoir
comme d'une taxe, avec une exactitude de comptable,
mais il ne faut pas lui demander cet oubli, ce don de

_____

(1) La prédication de Ruskin n'avait pas alors encore produit son effet.

soi-même, cette chaleur d'âme, qui se trouveront unis
ailleurs à une conscience•moins droite peut-être et
moins ponctuelle. Chez elle un souci trop exclusif de
la perfection personnelle est devenu à cette perfection
même un empêchement, et mêle toujours quelque
égoïsme à la vertu. Il faut donc affranchir d'elles-mêmes
ces âmes qui ne mettent qu'en elles leur idéal et leur
apprendre à se renoncer. Il faut les initier à toutes les
sympathies et à toutes les admirations. Il faut forcer
les cadres étroits dans lesquels elles enferment leurs
raisons d'agir, et y faire entrer le monde entier, les
générations à venir, Dieu lui-même. Or c'est l'art qui,
pour commencer, donnera prise sur elles. Exerçant
chacun à s'éprendre de quelque chose de différent de soi
et de meilleur que soi, il est une douce école de renon-
cement. Il nous exalte et nous calme tour à tour et
selon nos besoins, mais toujours il nous rend meilleurs.
Oui, nous sortons meilleurs d'une lecture de Dante, de
Wordsworth, de Lucrèce, de Virgile. Et plus nos devoirs
sont humbles et bas, plus il nous est utile de respirer
de temps en temps l'air pur des hauteurs. Fortifiés par
lui, nous n'en apportons dans l'accomplissement de
notre tâche quotidienne que plus de vaillance. Il reste
dans l'âme, de son commerce avec la beauté, une sorte
de grâce qui se répand dans tous ses actes, et comme
un parfum d'héroïsme. Ce n'est pas de l'ivresse qu'il
faudrait avoir peur pour nos sensibilités humaines,
mais bien plutôt de l'indigence.

On le voit, Stuart Mill n'a rien oublié, et dans ces
conseils émus il nous semble entendre un écho de sa
souffrance passée. L'élève d'université qui sortirait de

ses mains ne serait pas ce qu'était l'élève de James Mill, un analyste sans entrailles, une intelligence sans âme. Ce serait un esprit extraordinairement cultivé, d'une culture antique et moderne tout à la fois, plus curieux des faits psychologiques et sociaux que de tous les autres, mais d'une curiosité qui ne serait pas seulement scientifique, faisant une place dans sa vie bien ordonnée à toutes les grandes idées et à tous les généreux sentiments, aussi respectueux des traditions morales et religieuses qu'indépendant à leur égard, cherchant dans l'art la plus noble des hygiènes, et des joies dans le désintéressement, mélange bien anglais d'idéalisme et de positivisme, de sens pratique et d'élévation morale, de tendances radicales et d'instincts conservateurs. Car c'est une question de savoir si Stuart Mill s'est aussi bien dégagé qu'il l'a cru des façons de penser de son pays. C'en est une autre de savoir si la vie du sentiment et la vie morale se contenteraient de l'aliment subtil et idéal qu'il leur fournit. Quoi qu'il en soit, il a vivement senti que la vérité scientifique n'est pas le seul pain de l'âme, et a pris conscience en lui-même de nécessités dont quelques-uns de ses contemporains faisaient moins de cas.

N'essayons point pour cela d'en faire un positiviste converti. A vouloir trop prouver, nous ne prouverions rien. Il y a eu entre sa doctrine et celle de Comte des rencontres; à un moment donné, et sur certains points, il subit réellement l'influence du philosophe français. On sait même qu'il le subventionna. Mais il ne se crut pas astreint par là à plus de fidélité. Sa pensée ne fut pas enchaînée par son bienfait. Il fut pour lui un ban-

quier, non un disciple. Un grave dissentiment les séparait, Stuart Mill est un psychologue. Or on sait que,
pour Comte, la psychologie n'existait point. Ce dissentiment en explique d'autres. Car l'enseignement littéraire, car l'enseignement esthétique sont des enseigne-
ments d'idées et de sentiments, ce sont les leçons de
choses de la psychologie. Ils ont en général les mêmes
adversaires et aussi les mêmes alliés. Puis l'expérience
de la vie mentale ôte à l'éducateur jusqu'à la velléité
d'être exclusif, en le prévenant qu'il n'y gagnera rien
et que l'âme a des révoltes contre les programmes qui
tendent à l'appauvrir. Les idées de Mill sur l'éducation
ne pouvaient donc être celles d'un vrai positiviste.
Spencer est plus près que lui d'Auguste Comte. Entre
les deux philosophes anglais ce n'est pas la seule différence. Les articles enflammés de Spencer sont presque
une œuvre de jeunesse. Ils font penser à une autre
œuvre où le même évangile est annoncé, l'Avenir de la
Science de M. Renan. Le discours de Stuart Mill est un
discours de président d'université. L'un pousse l'esprit
de système jusqu'au paradoxe; l'autre est forcé par les
circonstances à un éclectisme qui semble d'ailleurs ne
lui point coûter. Ajoutez que l'éducation reçue par
Stuart Mill, et dont il n'a pas dissimulé les lacunes,
n'en a pas moins puissamment façonné son esprit et
dirigé ses goûts. Le culte de l'antiquité n'est peut-être
chez lui qu'une forme de la reconnaissance intellectuelle. Comme tous enfin, il a le préjugé de ses propres
études, et les donne comme plus propres que d'autres
à former l'esprit de la jeunesse. Ces réserves et ces
raisons expliquent en partie les différences qui sépa-

rent le plan d'éducation tracé par Mill de celui que tracèrent les philosophes dont les noms sont le plus souvent rapprochés du sien. Mais elles ne les attènuent point. — Et c'est pourquoi il nous a paru piquant d'opposer aux théoriciens positivistes de l'éducation, non pas Kant, non pas Ravaisson, mais Stuart Mill.

APPENDICE

UNE CLASSE DE PHILOSOPHIE

L'enseignement de la philosophie vient d'être menacé dans l'université même (1). Le positivisme théorique des uns, le positivisme pratique des autres a repris contre lui des hostilités interrompues, et réédité des reproches auxquels on croyait que son succès avait répondu. C'est pourquoi il ne nous a pas semblé inutile de reproduire ici des conseils que nous adressions, il y a quelques années, à de futurs professeurs de philosophie sur la façon de faire leur classe et d'entendre leur métier. Ils se trouvent être une réponse toute faite et faite à l'avance à de récentes critiques. Ajoutons que c'est encore discuter la pédagogie positiviste, et de la meilleure façon peut-être, que de montrer l'excellence d'un enseignement qu'elle supprime.

Un examen heureux, suivi de quelques mois de vacances, opère chaque année d'intéressantes métamorphoses. Des étudiants deviennent professeurs. Des plus basses classes sans doute ? Non, mais aussi des plus hautes. Et ceux que leur goût et leur aptitude ont attirés vers les études philosophiques, débutent professeurs de philosophie. A ces débutants privilégiés nous voudrions faire comprendre en quelques mots ce qu'on attend d'eux et quel rôle leur est confié, je dirais quelle

(1) Allusion d'une polémique vieille de près de vingt ans, mais qui, de temps en temps, reparaît.

mission, si on n'avait étrangement abusé de ce mot.
Les vrais missionnaires ne crient pas par-dessus les
toits qu'ils ont une mission à remplir. Ils la remplis-
sent, ce qui vaut mieux. Que de même nos jeunes professeurs de philosophie fassent simplement ce qu'ils
auront à faire. A cette condition seulement, leur âge,
loin d'être une faiblesse, leur sera une force, s'ils con-
sentent en même temps à ne pas se méfier des qualités
qu'il comporte, et à ne pas envier trop tôt le savoir-
faire de ceux de leurs collègues qui ont pris la loi de
la moindre action pour règle professionnelle. A cette
condition aussi, ils échapperont au reproche, qui les
guette à la sortie de leur classe, d'être des pédants pré-
coces et partant plus ridicules. Il faut être d'autant
plus simple qu'on fait besogne plus sérieuse, étant
jeune; et la modestie dans l'enseignement nous a paru
le conseil qui devait primer tous les autres, justement
parce que nous voulons donner à nos étudiants en philosophie la plus haute idée de leur métier de demain.

On a demandé souvent le sens d'une classe de philosophie dans l'enseignement secondaire. L'enseignement secondaire enseigne la science faite, et encore
pas tout entière. La science à faire n'est pas de sa
compétence. Il est l'enseignement des vérités, il n'est
pas la recherche des solutions qui fuient, et la discussion des problèmes. Or la philosophie est, dit-on, une
science de problèmes plutôt que de vérités. Elle ne
serait même plus la philosophie, du jour où une démonstration aboutissant à une certitude mathématique cou-
perait court aux objections, et changerait en déroute
pour tous les systèmes, sauf un, leur éternel et passion-

nant conflit. Un dogme trop bien assis serait meurtrier de l'esprit philosophique. A celui-ci il faut une certitude mêlée d'incertitude. D'aucuns diront que les nuages sont décidément l'atmosphère où il se plaît. Pourquoi dès lors faire traverser à tous les esprits un peu cultivés d'une génération cette atmosphère bonne tout au plus pour ceux dont la respiration robuste ne craint pas les hauteurs? La majorité s'y anémie et s'y essouffle.

Aux professeurs de philosophie de répondre, par la nature de leur enseignement, à ces critiques. Disons tout de suite que c'est ce qu'ils font avec succès depuis longtemps déjà, et que les jeunes gens n'ont ici qu'à prendre leçon des vieux. — On a répété maintes fois, et non sans quelque vérité, que nos établissements universitaires donnaient une instruction excellente peut-être, mais ne donnaient pas une éducation. Ceux qui ont dit cela ont oublié toutefois que ces deux choses se confondent souvent, et qu'il est difficile de démêler, dans une leçon d'histoire, ou dans un commentaire de Corneille, ce qui s'adresse au sens critique ou esthétique de ce qui s'adresse au sens moral et au patriotisme. Mais ceux qui ont dit cela ont surtout oublié de considérer dans l'Université l'enseignement le plus universitaire, celui dont un de nos maîtres (1) nous montrait récemment les progrès associés aux progrès même de l'Université et ses libertés, l'enseignement philosophique. La classe de philosophie est en effet une classe d'éducation. C'est sa raison d'être; c'est notre

(1) M. Janet.

raison d'être dans les lycées. Il s'agit donc de faire ce pourquoi nous sommes faits.

Sans doute nous avons un programme derrière nous et, qui pis est, le baccalauréat devant. Il faut bien enseigner aux élèves tout ce que ce programme et ce baccalauréat postulent. Mais il y a façon d'enseigner et de faire parler les choses à l'âme, et d'extraire des doctrines leur moelle. Nous échouerons, à coup sûr, si nous voulons faire de nos élèves de vrais logiciens et de vrais métaphysiciens. Ce n'est donc pas cela que nous avons à faire. Ils se hâteront d'oublier les arguments péniblement compris et appris; ils en débarrasseront leur mémoire, le lendemain de l'examen, comme leur bibliothèque de ces vilains livres cartonnés qu'on appelle des livres de classe. Ce n'est donc pas cela que nous devons leur apprendre. Du moins, il faut que cela ait enveloppé autre chose qu'ils auront appris sans s'en apercevoir, et que, pour cette raison, ils ne pourront oublier. Quel est donc cet enseignement mystérieux et intime que l'enseignement philosophique bien donné doit impliquer ?

Malebranche a écrit que, de toutes les sciences humaines, la science de l'homme était la plus digne de l'homme. Nous ajouterons que le seul effort pour acquérir cette science est le plus vraiment humain de tous les efforts dont l'homme est capable. Fût-il condamné à la stérilité scientifique, il tirerait d'ailleurs une valeur égale à celle qui lui serait refusée ; car il est la réflexion, le retour sur soi-même, l'art de se connaître et de se juger, d'analyser ses idées et de les comparer ; il est le plus humain des plaisirs, quand il

n'est pas un travail ou un devoir. Or la pensée philosophique est cela depuis Socrate. Et, sans être un Socrate, le maître peut et doit initier ses élèves à cette
lecture intérieure qui donne la vraie noblesse intellectuelle. On peut être habile ingénieur, industriel
heureux, on peut être « fort dans sa partie » ; il manquera toujours quelque chose à celui dont l'âme n'aura
pas de dedans ; il ignorera toujours quelque chose celui
qui s'ignorera lui-même. — Nous ne prétendons pas
que les études philosophiques doteront l'âme d'un organe qu'elle n'avait point. La fonction ici ne crée pas
l'organe, elle le développe tout au plus. Et à défaut de
la philosophie des classes, il en est une naturelle. Un
goût instinctif chez quelques-uns, l'élévation et la généralité des connaissances chez d'autres, chez les plus
humbles l'atteinte du malheur suggère cette féconde
exploration du moi intérieur, et cet inventaire de ses
richesses et de ses forces. Est-il inutile toutefois de
prévenir les événements et d'aider la nature ? Le professeur de philosophie est fait pour cela. A lui de faire
entendre, sous diverses formes, et à propos de tout,
cette banalité éternellement jeune : connaissez-vous
vous-même. Les interrogations, les dissertations, les
cours, tout doit graviter autour de ce centre lumineux
de la recherche philosophique, l'âme humaine ; tout
doit être un exercice de réflexion morale. Ce que les
élèves retiendront de la psychologie c'est la méthode.

Là n'est pas pourtant toute la philosophie et tout
l'enseignement philosophique. Tout n'est là du moins
que pour ceux qui voient dans l'âme le monde en
même temps que l'âme ; et ces quelques pages ont la

prétention de ne point faire acception de doctrine et
de s'adresser, dans un temps de liberté et d'individua-
lisme philosophique, à tous ceux qui s'apprêtent à
apporter une individualité nouvelle dans le désordre
actuel de notre enseignement, désordre qui est un mal,
mais un mal inséparable de la liberté, qui est un bien.
Donc il y a dans la conscience, ou en dehors d'elle, un
autre objet d'étude, et cet objet est vaste : c'est toute
chose ; du moins ce sont les principes de tout. Le professeur de philosophie a pour fonction spéciale de pré-
munir les intelligences contre le culte exclusif du fait,
c'est-à-dire contre l'invasion du positivisme pratique.
Il est sans doute un positivisme dont l'influence sur un
esprit peut n'être pas malsaine ; on ne sort pas amoin-
dri d'une lecture de Littré. Mais le positivisme des
petits positivistes doit à sa pauvreté même d'être trop
facilement la philosophie de ceux qui n'en ont pas. Il
n'est qu'un mot ; mais ce mot fait croire à ceux qui le
répètent qu'ils ont un système ; et il devient une dispense de penser. Or, en philosophie, on doit apprendre
à penser. A penser dans le vide, à bâtir des systèmes
en l'air, à assister du moins à l'histoire de ces systèmes et à l'écroulement périodique d'espérances trop
ambitieuses ? Soyons plus sceptique que les sceptiques et disons oui. Professeur de philosophie, nous
enseignerions ce que nous croyons vrai, et tant s'en
faut, Dieu merci, qu'aucune vérité n'ait été conquise
par les puissants efforts de tous les maîtres de la pensée
humaine. Ici nous répétons que nous nous accommo-
dons, — comme le programme, — de tous les systèmes, pourvu qu'ils soient des systèmes ; car là est le

secret de leur efficacité intellectuelle et morale. Il y a
façon même d'être sceptique. Le scepticisme du monde
n'est le plus souvent que paresse et légéreté d'esprit.
Celui qu'un professeur de philosophie, sincère et sérieux, laisserait entrevoir dans son âme, répandrait
dans les âmes de ceux qui l'écoutent la contagion d'une
mélancolie sereine et d'une mâle résignation à ne pas
savoir, qui ne serait pas pour les réconforter, mais qui
ne serait pas non plus pour les abaisser. A défaut de
Socrate, de Platon ou d'Aristote, on aimerait à avoir eu
pour maître Marc-Aurèle. Ce qui importe plus que la
solution des questions, ce sont, en effet, les questions
même avec le ton dont on les traite ; car c'est avec toute
son âme qu'il faut philosopher et enseigner la philosophie. De l'étude, de la vision même de certains problèmes on sort grandi. Quand on a eu un bon maître
de philosophie, on se rappelle avec orgueil ces heures
de croissance intellectuelle. On se sait gré d'avoir au
moins cherché la lumière. On ressemble à ces touristes
intrépides qui vont demander au sommet des mon-
tagnes le spectacle éblouissant d'un lever de soleil. Il
arrive souvent qu'un rideau de nuages leur masque
l'horizon. Ils n'en gardent pas moins de leur voyage et
de leur effort déçu un souvenir durable et fier. Sans
doute on ne passe pas sa vie à faire des ascensions, ni
à sonder le problème de sa destinée ; mieux vaut la-
bourer la terre labourable et se contenter de faire une
science qui soit faisable. Il est même inutile que le
savant ait l'esprit toujours hanté de généralités qu'il ne
peut atteindre, comme il est inutile « que l'ouvrier qui
extrait les blocs de la carrière ait l'idée du monument

auquel ils sont destinés. »... « Les héros de la science
sont ceux qui, capables des vues les plus élevées, ont
pu s'interdire toute généralité anticipée et se résigner,
par vertu scientifique, à n'être que d'humbles tra-
vailleurs. » Ainsi parle un métaphysicien qui en veut
à la métaphysique, M. Renan. Mais il nous accorderait
sans doute que l'ouvrier qui n'a jamais regardé au-delà
et au-dessus du bloc qu'il ramasse est un peu moins
qu'un homme. Et lui-même ne loue ces héros de la
science de leur humble labeur parce qu'il les sait
capables d'autre chose. Mais qui a prétendu que la
métaphysique doive absorber toutes les vies et tous
leurs instants ? Il faut seulement s'être passionné pour
elle, et il faut que sous la cendre couvent les débris de
cette passion: que ce soient regrets ou espérances. On
n'est un esprit vraiment cultivé qu'à ce prix. Aux professeurs de philosophie de donner cette culture.

Fonction plus difficile et plus délicate encore : à eux
de montrer par leur manière de penser, et jusque par
leur manière d'être, quelle influence salutaire ont sur
l'esprit les hauteurs et les vastes horizons.

Nous avons déjà dit qu'il faut, tout en restant simple,
approprier le ton au sujet. — Quand on se défie de son
émotion personnelle, — et défiance est souvent prudence, — on peut emprunter celle d'un maître, et corriger, au moyen de lectures, l'effet d'une parole qui se
contient trop ou ne se contient pas assez. Jouffroy offre
à notre choix d'admirables modèles d'éloquence vraiment philosophique, et je ne conçois guère une classe
de philosophie dont on sortirait sans connaître les plus
belles de ses pages. — Mais c'est en dehors même de

son cours que le professeur de philosophie doit se montrer philosophe. Qu'il parle d'art et de littérature, qu'il parle même des choses d'aujourd'hui, — ou plutôt d'hier, dans ces causeries qui achèvent parfois si utilement une classe, mais qui ne doivent jamais la remplir, et qui cimentent plus étroitement l'union intellectuelle du maître et des élèves, il faut qu'on sente en lui la sûreté de jugement que donne une pensée de derrière la tête, et l'élévation que donne la hauteur du point de vue. Il faut qu'il parle de tout en architecte et non en maçon. Il faut qu'on comprenne, par son exemple, combien certains principes introduits dans la pensée et dans la vie y mettent de rectitude et d'harmonie.

C'est surtout dans les problèmes de morale sociale que l'esprit philosophique transformera les discussions et les élèvera. Et ici encore le débutant a, dans la génération philosophique qui l'a précédé, qui citer et imiter. — Les Allemands font faire des cours de philosophie jusque dans leurs écoles militaires (1). Ils n'estiment point, comme nous, que la philosophie soit une gêne pour l'activité pratique qu'elle coordonne. Leurs hommes de guerre ont une philosophie de la guerre ; leurs hommes politiques, une philosophie de la politique. Et certes, ni les uns ni les autres n'ont échangé contre la philosophie leur énergie et leur équilibre. Peut-être même ont-ils doublé leur force en la dérivant de plus haut. Car, dit Aristote, « ce qui donne la supériorité de savoir aux chefs des ouvriers sur les manœuvres, ce n'est pas leur habileté pratique, c'est qu'ils

(1) Nous aussi maintenant.

possèdent la théorie et qu'ils connaissent les causes. »
(*Mét.*, I, 1.)

Et quand on ne les connaîtrait pas, il est déjà
utile de savoir qu'il en existe, de mettre chaque chose
à sa place dans le monde, et de juger le détail dans
l'ensemble. Et ne craignez point que la considération
de l'ensemble nuise à l'estime du détail, car le philosophe sait que rien n'est vil dans la maison de Jupiter.
Il n'a pas les dédains de l'heureuse ignorance. Il met
son effort et son orgueil à comprendre, et porte en
toutes choses la sérénité à laquelle l'ont accoutumé ses
problèmes préférés. Il voit de haut et de loin, sans
avoir besoin de cet éloignement dans le temps ou dans
l'espace si souvent nécessaire à l'impartialité du jugement. Sa philosophie lui suffit pour qu'hommes et
choses lui apparaissent à leur vraie taille. Et il ne résulte
pas de là un rapetissement universel. La perspective
est seulement déplacée, et le présent encombre moins
le premier plan. Les liens qui l'unissent au passé sont
mieux compris, et aux dépens d'aujourd'hui demain
grandit. L'universel se dégage du particulier, l'or se
distingue du clinquant, et les vraies causes et les vrais
hommes du fait divers et des individualités éphémères.

Nous demandons beaucoup à un professeur de vingt
ans. Mais qui *veut* le plus peut le moins, et nous nous
autorisons de cette seule remarque pour lui demander
davantage encore. — Il aura à faire un cours de morale,
et non seulement dans sa classe, mais dans deux ou
trois classes voisines, moraliste en titre du lycée, pré-
dicateur sans soutane, peut-être sans vocation. Sans
doute il ne faut pas qu'il s'exagère son rôle, ce qui

serait le compromettre. Le public, qui est sceptique,
doute d'un moraliste imberbe, et le public d'une classe
de philosophie c'est déjà le public. Un pédant de moralité est pour lui le pire des pédants. Or le moindre défaut de tout sermon serait, avec la banalité, la pédan-
terie ; et c'est sur ce point surtout que nous devons
mesurer notre réserve à la gravité de notre emploi. Si
elle coûte à nos vertueuses indignations, disons-nous
que la jeunesse est le défaut dont on se corrige le plus
vite. D'ailleurs, étant des professeurs, et des professeurs de philosophie, ce ne sont que des principes que
nous avons à enseigner, ici comme partout ; et à l'âge
où l'autorité peut encore manquer pour censurer et
diriger les actions, si ce n'est amicalement, la bonne
volonté intellectuelle suffit pour discuter et poser des
principes. Outre que cette philosophie de la moralité
n'est pas sans profit pour la moralité même, elle est
la partie de la philosophie la plus vivante et la plus
populaire. On dort au sermon, mais j'ai toujours vu
une classe de philosophie éveillée et émue lorsqu'on
traitait de la loi morale, de son universalité et de son
origine. Est-il téméraire de penser que de la manière
dont cette partie du cours est faite dépend l'avenir de
certaines consciences ? Quoi qu'il en soit, le meilleur
moyen de ne pas se tromper sur l'étendue de sa responsabilité est de la croire la plus grande possible ; et
la légèreté ici serait criminelle. Mais il ne suffit point
de ne pas être léger, et comment ne pas laisser entendre
tout ce que le rôle, même discrètement entendu, de
moraliste comporte de devoirs intimes, pour que
l'élève, que son instinct pousse toujours à scruter l'âme

de ses maîtres, ne cesse pas de respecter celui-là même qui lui enseigne le respect ? Vous n'êtes que professeur de philosophie, et vos collègues et vos amis vous appelleront, non sans ironie, le « philosophe ». Tâchez, par un minimum de philosophie pratique, de donner tort à leur ironie, et d'être un peu ce qu'on dit que vous êtes.

L'occasion ne vous manquera pas, dans votre classe même, — que nous avons un instant quittée, — d'enseigner par l'exemple. La méthode philosophique est déjà à elle seule un excellent instrument d'éducation. Car elle consiste surtout dans la liberté de pensée ; et en user dignement devant de jeunes esprits est la plus fortifiante des leçons. Alors l'élève prend conscience et possession de sa propre liberté, pour peu qu'on ait soin de la stimuler et de ne jamais l'humilier par un dédain. Car en même temps que la vraie école du libéralisme, la classe de philosophie est une école de tolérance et de respect. Respecter jusqu'aux naïvetés d'une intelligence qui s'éveille n'empêche pas qu'on l'avertisse de ses témérités et de ses prochaines défaillances, mais il s'agit avant tout de faire croire la raison en elle-même et de donner aux esprits le goût, la passion des idées. La discussion des doctrines devra à ce respect de l'idée un caractère de grand spectacle intellectuel et de vraie initiation à la pensée, eût-elle lieu dans la plus modeste salle du plus humble collège.

Ne jamais s'attacher aux petits côtés des grandes choses, juger les systèmes en se mettant au centre de chacun, à force d'étude et de sympathie, se défendre les personnalités faciles, honorer la raison dans toutes

ses manifestations, respecter, en un mot, tel est
l'exemple qu'un maître digne de ce nom, doit à qui
lui fait l'honneur de l'écouter. S'il respecte tout ce qui
est chose d'âme, il respectera deux fois toute croyance
sincère, ne fût-elle pas la sienne, et se gardera des critiques qui blessent. Il y a quelque chose de moins philosophique encore que le fanatisme, c'est l'ironie. Un
philosophe touche à tout dans son cours. Voilà pourquoi il faut qu'il ait la main légère et discrète. Ce n'est
pas assez dire. Voilà pourquoi il faut que sa sympathie
soit aussi large que son esprit est ouvert.

La jeunesse peut-elle avoir cette largeur de sympathie
qui le plus souvent est le privilège de ceux qui ont
beaucoup vécu et beaucoup pensé ? — Nous voulons
croire que l'histoire de la pensée humaine lui aura
donné le bénéfice d'une expérience en raccourci.
Ajoutons que la critique de nos facultés nous a préservés
des témérités de jugement qu'on reproche d'ordinaire à
notre âge (1), et que nous avons appris de bonne heure
à corriger par l'esprit de méthode les excès de notre
verve dogmatique. En même temps qu'il aime encore
ces généralités si souvent honnies, le philosophe est
celui qui sait le mieux le prix d'un fait. En même
temps qu'il reste un fidèle de la raison, il est celui qui
a appris à quelles erreurs et à quelles illusions elle est
sujette. Il sera respectueux, parce qu'il sera modeste.

Il ne faudrait pas toutefois que la prudence tuât en
lui l'enthousiasme, et que l'expérience d'autrui lui fît
une vieillesse précoce. Il est un professeur d'idées, un

(1) Rappelons que ceci a été écrit il y a vingt-quatre ans.

professeur d'idéal, et il aura besoin, même plus âgé,
d'avoir conservé un peu du feu de sa jeunesse. Voilà
pourquoi cette jeunesse elle-même n'est pas toujours
un désavantage. Et il devra profiter de la jeunesse plus
grande encore de ses élèves, et de l'extraordinaire ou-
verture d'esprit qui tient à l'absence de préoccupations
utilitaires, pour leur donner une inépuisable provision
d'idéal. Il faut qu'ils entrent dans la vie après avoir
pensé à bien des objets auxquels ils ne penseront dans
la suite qu'à de rares moments de secousse morale et
de loisir intellectuel. Il faut qu'ils aient tous fait ce
voyage que Socrate fit faire aux prisonniers de la ca-
verne allégorique, et il faut qu'ils en reviennent sachant
de la vie ce qu'elle ne leur enseignerait pas elle-même,
ce qu'elle est et ce qu'on peut en faire. Il faut qu'un
rayon profondément entré dans leur âme l'illumine
et l'échauffe pour longtemps. C'est de leur professeur
de philosophie qu'ils attendent ce bienfait. C'est de lui
qu'ils doivent apprendre, avocats, médecins, financiers
de demain, que les affaires ne valent pas les idées, et
qu'il y a un homme intérieur, que chacun de nous
peut être, qui ne nuit en nous ni à l'homme du monde,
ni à l'homme de tel ou tel métier, qui leur donne seulement plus de charme profond et plus de largeur de
vue, et que cet homme est celui qui a une fois philosophé, c'est-à-dire pensé.

TABLE DES MATIÈRES

2443 — Tours, imprimerie E. Arrault et Cie.

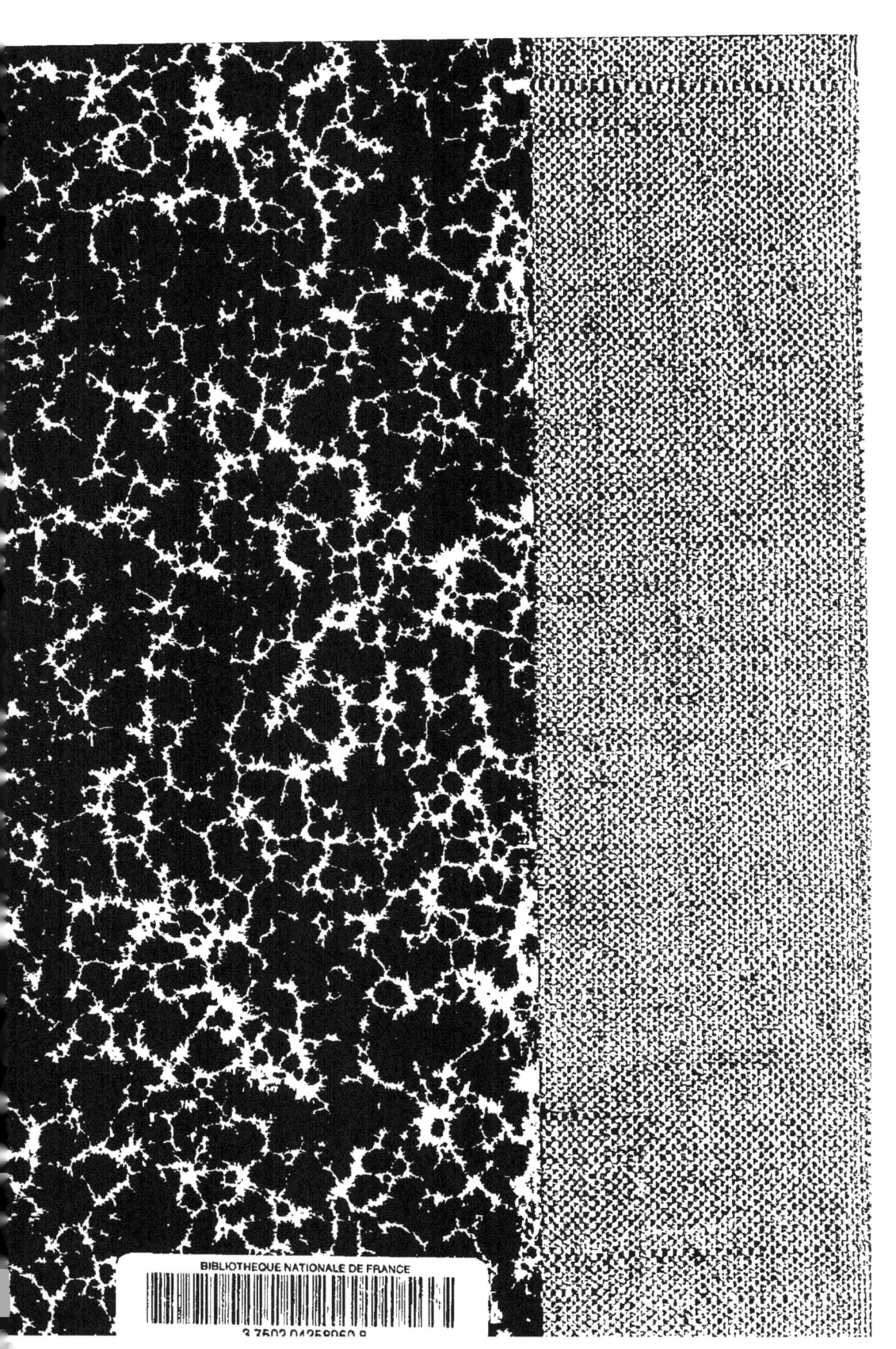

www.ingramcontent.com/pod-product-compliance
Lightning Source LLC
Chambersburg PA
CBHW052051090426
42739CB00010B/2136